# 商务礼仪

聆听国际大师最权威的礼仪课

## International Business
## Etiquette

【美】多丽丝·普瑟

张 玲 著

科学出版社

北 京

# 作者简介

**多丽丝·普瑟**
**(Doris Pooser)**

　　纵横形象与礼仪行业30年，是世界顶级形象管理专家及礼仪指导专家。她创立的AIS(Always in Style)形象管理体系在全球17个国家指导过数万职场人士。 她是全球最早研究形象管理的专家之一，是全球最早将个人色彩分析方法传播到世界各地的专家，也是最早提出根据个人身形选择服装款型的专家之一，她同时也是华盛顿礼仪学院的礼仪专家。

　　她的培训足迹遍及全球，从西方的美国、英国、澳大利亚，到东方的日本、韩国，很多如今服务于皇室和高层的形象大师都是她当年的学生。多丽丝不仅是多本指导职场形象与商务礼仪类畅销书的作者，也是AIS流行趋势报告的主编。这本流行趋势报告可以帮助职场人士在快速更新的流行资讯中塑造自己最佳的形象。

　　身为一位时尚风格指导专家，多丽丝通过在Lifetime、CNN、FOX等各大电视台、广播电台演讲以及参与HSN及QVC等主要的电视购物频道节目的编制，拥有千百万受众，并吸引了许多重要媒体的注目，如Marie Claire、Woman's World、O Magazine、Oprah.com等。

　　多丽丝除了指导职场人士如何管理自己的形象外，还在形象礼仪领域提供其他更专业的指导，如形象管理顾问的培训课程、陪同购物顾问及销售人员培训等。

　　多丽丝在多年累积的经验和所开发的"Always In Style"（AIS）理论体系概念及丰富的资料库基础上，开发出个人形象在线测试软件，它可针对消费者的个人特质提供正确的采购建议，是个人服饰采购的最佳咨询工具。

　　多丽丝希望其针对企业或个人的培训、演讲、书籍、流行趋势报告和在线测试等，成为女士、男士形象提升的灵感源泉。她力求为职场人士和形象礼仪顾问提供个性化、专业且精准的形象管理建议。

成功优雅国际形象礼仪学院首席讲师，成功优雅服装设计研究院首席服装设计师，中国首位在国际形象礼仪界荣获"国际形象顾问新星大奖"的形象顾问，中央电视台主持人团队服装设计师及形象指导专家。

在美国获得服装专业硕士学位，在英国攻读管理学博士学位，与国际顶级形象管理专家多丽丝•普瑟合作，将纽约 AIS 国际形象培训体系引入中国。从穿着得体的内涵、个人色彩分析与服装色彩的选择、个人身型的分析与服装款式的选择、个人脸型的分析与发型妆容的设计，到深层性格角色对着装色彩与款式的影响等，培训了数以万计的中国商界、政界职场人士，以及国际形象顾问。

与国际权威礼仪礼节专家合作，将华盛顿礼仪学院培训体系引入中国。从如何通过商务礼仪的细节展现企业及个人的竞争优势、如何像外交家一样宴请与赴宴、如何按照国际着装规范展现企业与个人水准，到如何按照国际礼节规范进行国际商务交往等，先后为清华大学、北京大学、中国银行、瑞士银行、中国工商银行、中国人寿、宝马、奔驰、摩托罗拉、英特尔、联想集团、爱立信、中国运载火箭、中国石油、中国石化、神华集团、华为技术有限公司、中国饭店协会、中国百货协会等企业与机构开展"国际商务礼仪与职业化形象塑造"培圳，为企业及个人在全球化经济环境中赢得竞争力。

现任国际形象顾问协会中国分会主席、中国形象礼仪协会教育副主席、美国纽约 AIS 形象管理机构中国首席专家、美国华盛顿礼仪学院专家讲师、国家人力资源和社会保障部形象设计师职业标准编写专家。同时，在中央党校、国家行政学院讲授"政务礼仪与领袖风范"；在清华大学、北京大学讲授"商务礼仪与总裁形象塑造"，在北京师范大学研究"品牌形象与创意设计"，在北京服装学院－莱佛士国际学院教授"服装设计"。

**张玲**

**(Grace Ling Zhang)**

Zhangling0026@126.com

www.o-success.com

# 参编简介

潘莫拉·艾瑞
（Pamela Eyring）

现任华盛顿礼仪学院院长。华盛顿礼仪学院是美国最权威的礼仪培训机构，目前在美国也是唯一被政府认可的国际礼仪学院，培训与咨询业务涉及商务礼仪、商务形象、社交礼仪、会议庆典礼仪、外交礼节等。

服务的机构包括政府部门、军方部门、企业及社会团体。培训的个人包括总统及高层政府管理人员、外交官员、企业领袖、新闻发言人、职场精英等。20多年来，潘莫拉·艾瑞在商务礼仪与外交礼节方面积累了丰富的经验，曾经多次为总统访问、政府、军队、国际会议和城市会议庆典策划活动仪式。

作为著名礼仪讲师，潘莫拉·艾瑞女士经常为财富500强企业、学术界以及众多的政府和行业组织提供礼仪培训。她同时也是华盛顿商业杂志的专栏作家，每月为商务礼仪专栏撰写专题知识，并接受多家媒体的专访，如华尔街日报、纽约时报、华盛顿邮报、华盛顿外交官，并经常在美国有线电视新闻网（CNN）、全国广播公司、哥伦比亚广播公司和福克斯电视接受采访。

潘莫拉·艾瑞同时还是跨领域的活跃专家，如美国外交礼仪与外交官领域的专家、美国培训与发展协会专家、公共关系管理专家、人力资源培训专家、会议策划组织专家。近期，潘莫拉·艾瑞担任外交事务协会理事会主席。

现任华盛顿礼仪学院副院长及资深专家讲师，自 1988 年以来一直在学院任教。他经常应邀为政府部门及企业培训商务礼仪与外交礼节。在外交官员的培训中，罗伯特·希基先生介绍头衔和正式场合称呼的使用方式。其中包括：个体公民的称呼，教授和学者的称呼，联邦政府、州和市政官员的称呼，军队官员的称呼，外交官和国际组织代表的称呼，外国官员的称呼，王室和贵族以及神职人员的称呼，等等。

希基先生撰写过多本书籍，也参与过许多书籍的起草与合著，他的最新著作《荣誉与尊重》是外交礼仪必读的官方指南。书中包含完整的信件、邀请信封的内外、席次牌介绍，以及致电与接到贵宾来电时对话的准则。比起以往任何其他的书籍，此书包含各种正式称谓格式。内容涉及美国、英国、加拿大、澳大利亚和其他 190 多个国家，还包括各主要宗教团体的宗教官员。

罗伯特·希基
（Robert Hickey）

《荣誉与尊重》一书里面有很多是第一次发表的信息，包括 70 页的术语表以及 1500 个条目索引。《图书馆杂志》称此书为"一本所有图书馆必备的工具书"。

希基先生经常接受 CNN、华尔街日报和许多其他报纸杂志的专访。希基先生同时还在华盛顿哥伦比亚特区的乔治·华盛顿大学教授营销、平面设计和产品设计。

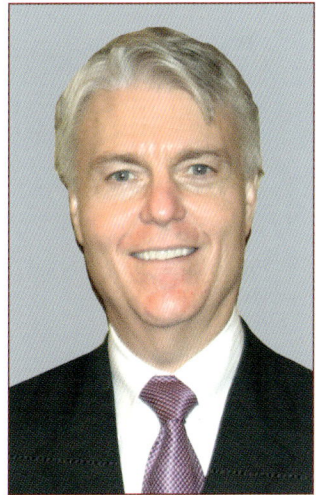

# INTERNATIONAL
# BUSINESS
## ETIQUETTE

# 前 言

在 30 年的时间里，我们共同做了一件事——帮助企业和个人，通过正确的着装礼仪、举止礼仪和沟通礼仪展现良好印象，提升自身的个人品牌形象和企业综合软性实力。

我们的畅销书《我造我型——AIS 形象管理》《穿出影响力——男士职场形象书》《穿出影响力——女士职场形象书》先后在十几个国家出版，相应的培训课程和形象咨询在十几个国家分别服务于政府领导、企业领袖、职场精英和高端女性。我们欣慰地看到全球数以百万的凡是亲身感受过我们的专业培训或咨询设计的人，都在享受由此带来的事业的成功和生活的美满。

形象管理无论对个人还是企业都至关重要。第一印象形成速度之快远远超出我们平时的想象——只有 30 秒钟。而这 30 秒形成的第一印象中有 55% 源自着装形象，38% 基于行为举止，还有 7% 基于言语谈吐。针对中国政府领导、外交官员、跨国公司和世界 500 强企业领袖等高端人士的需要，国际形象礼仪专家及服装设计专家张玲老师创办了"成功优雅国际形象体系"，多年来与享誉全球的国际形象管理大师多丽丝 • 普瑟女士合作，在国际化场合着装规范、国际化品位商务着

装搭配和高端定制服装设计领域，让众多企业品牌形象和个人品牌形象在占第一印象 55% 的着装形象方面得到了显著的国际化提升。

在此基础上，成功优雅国际形象礼仪学院自 2008 年起进一步与全球顶级形象管理体系"美国 AIS 形象管理体系"和全球最权威的礼仪培训机构"美国华盛顿礼仪学院"强强合作，加入了占据第一印象 38% 的举止形象和 7% 的沟通演讲形象。美国 AIS 形象管理机构创始人多丽丝 普瑟女士是 20 世纪 80 年代初最早将个人形象管理传播到日本、英国、澳大利亚等十多个国家的世界级专家，也是第一位提出个人风格分析的专家。华盛顿礼仪学院是美国唯一被政府认可的礼仪培训机构，也是培训总统及外交官礼仪风范与演讲风范的权威机构。此时，欢迎你来到这里，尊享三大国际权威机构共同提供的商务形象管理与商务礼仪的综合体系。

在电视上你一定看过美国总统演讲的风范，在电影里你一定看过华尔街商务人士的风采，在杂志里你一定看过欧美商务人士时尚优雅的得体着装，本书将邀请你与我们共同进入这样的境界，我们的愿望是让这些领袖名人的风采在你的身上得到重现。

# 目录
# CONTENTS

# 第六篇 宴请及餐会礼仪

# 第七篇 商务衣橱 商务着装礼仪必备

# 第八篇 让成功形象展现真正的你

在中国走向世界实现中国梦之际，央视主持人的形象对外是中国形象的代表，对内是公众人物形象的引领者。

图为张玲老师及成功优雅设计团队为中央电视台主持人团队指导整体形象并提供高端商务装的量身定制。

员工的形象是企业品牌形象的窗口，是企业品牌动态的标志，是直接影响客户对企业产品信任的关键。

图为张玲老师及成功优雅服装设计团队在为奥迪全国4S店销售人员设计高端商务装。

# 着装礼仪
## 成功形象的启程

# 着装的意义

着装形象会直接影响一个人的自信程度，良好的着装形象会给人带来积极正面的暗示，而懈怠的着装会给人带来消极的暗示。想象一下，当着装优雅得体的你，听到这样一句由衷的赞美"你穿这身服装真精神啊"，这时，你会挺胸抬头而又气宇轩昂，顿时感觉神清气爽吧。现在再设想另一个情景：有一天你因为穿着灰暗看上去很疲倦，别人对你讲的第一句话是"你今天怎么了"或者"你看上去很疲倦，是不是最近身体不太好"，你又会是什么感受？一定感到很不自在，不知所措，而且会沮丧地寻找身上不舒服的地方，并扩大不舒服的感受，因此神情越来越糟。的确，形象非常重要，不仅能使你的自信度一路飙升，也可以帮你营造出一个留给他人的美好印象。

着装会影响别人对我们的信任。我们都有过接触销售人员的经历，假如先后有两位先生前来推介类似的金融产品，第一位穿着裁剪合体、品质上乘的深蓝色套装，第二位穿着有些褪色的松松垮垮的运动衫，你会倾向于信任哪一位？很显然，你会与绝大多数人一样，倾向于第一位。我们每天都这样选择别人，别人也是这样审视和选择我们。

服装的作用不仅是保暖遮阳，着装是一种礼仪，着装得体的程度体现对他人尊重的程度。

# Dress
# Etiquette

# 着装风格的界定与扩展

　　着装是一种视觉表达的礼仪，那么怎样的着装风格才能准确表达自己？并且准确符合所在的场合？怎样的着装风格才能与时代同步？我们接下来要考虑的就是怎样层层递进，展现着装风格的艺术。

## 着装风格的初步界定

　　为什么同样一套服装，有的人穿上神采焕发，而有的人穿上显得精神不振呢？为什么同一个人，有的服装穿上能让自己的气质锦上添花，而有的服装虽然价格不菲，但却不显品质呢？这是因为我们每个人的肤色和长相是不同的。着装风格初步界定的依据就是父母遗传给我们的肤色特征和身形特征。我们已往出版的形象管理书籍主要针对"为什么同样款式、同样颜色的服装，有的人穿着出彩，而有的人却不合适"相关的问题，并给予了合乎逻辑的科学答案。服装、配饰、妆容发型等都是穿着得体的重要元素，同时更是能够对我们身体进行扬长避短修饰的载体。事实上，我们每个人都拥有独一无二的肤色、轮廓以及身材比例，一旦准确理解这些特质，只需选择与之相同或相似的元素，便能够迈出你外表改观大获全胜的第一步——而这种成功也许仅源自一套全新的服装。

## 风格界定的扩展

然而，当我们给越来越多的职场人士咨询指导时发现，仅仅考虑穿着与肤色呼应的颜色或与身型呼应的款式有时还不足以体现内在神韵的状态。尽管根据一个人的肤色和身型可以将一个人表面装扮得独具魅力，但同时我们也注意到，当帮助客户挑选服装时，有些人对尝试崭新形象激情满怀，改变起来显得由内而外高度协调；而有的人在接受改变时，心理上则需要更多的时间。对于后者来说，任何微小的改变对于这类人都绝非易事。我们的职责就是让职场精英们都能了解"形象提升"的必要性并且能够欣然接受"形象改变"带来的益处。于是问题也随之而来：对于心理性格不同的人，分别可以接受多少改变？可以接受多久改变一次？什么时候改变对他们来说才是接受的时机？这些问题的解决需要资深形象礼仪顾问由表及里地考虑，再给予专业而深入的个性化指导。

上述这些方面考虑让我们意识到，所谓"个人着装风格"的界定不能仅仅根据身体外表特征。每个独立的个体还具备自身独一无二的内在特质，也正是这种独特的唯一性界定了你是谁，比如，有的人更保守一些，有的人则显得更加开放，还有一些人介于两者之间。而这些变化取决于个人的生活环境及处在怎样的时空舞台之上。

# Professional Dress for Men

　　如何使个人内在特质与外在风格的塑造融合得相得益彰，并由此确立一个恰如其分的形象定位，便成为重大的挑战。30 年间，我们对成千上万位男士和女士进行了风格实验，根据个体内在的舒适标准调整了早期仅根据肤色长相选定的服饰，并最终展现了着装形象与内在特质相互的关联。那些看起来引人注目、活泼外向并且乐于改变的人，往往希望我们能够快速带动他们的激情，为他们增添一些时尚的配饰、艳丽的色泽，以营造出更为醒目的着装风格；而另一些稍显保守的人，则希望一点一滴慢慢地改变。因此，形象塑造时需要综合系统地思考。例如，在选择能够美化身体特征的颜色风格的同时，要理解当下的适度流行与时尚风口浪尖颜色风格的不同，了解处于不同场合充当不同角色风格的差异，还要让人感觉最为舒适。

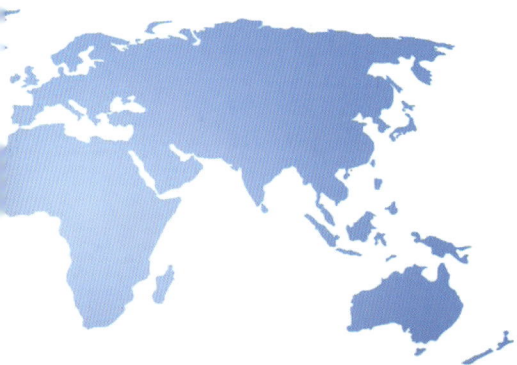

## 风格延伸与时代更新

上述风格延伸到内在的发现又把我们带入到第三步。不论是保守的造型、混合的搭配，抑或更加戏剧化的夸张着装风格，这些虽然都反映了你的个性，但年复一年，如果服装一直是同样的款式和同样的颜色也是远远不够的。事实上，过时的装扮也是一种不得体。

风格和颜色每一季都在经历着纷繁复杂的万千变幻，如果你无视每季时时更新，很容易成为时代的落伍者。我们早已习惯于欣赏娱乐界名流、新闻播音员，或者是时尚杂志、电影银幕里的形象，有意识或下意识地就能感知到那些新生的、鲜活的并且震撼人心的画面。裙子长度、领带宽度的细微变化，增加一种新的颜色或配饰，或者一种焕然一新的发型，都轻而易举地标榜了"时尚形象"与"过时"的老旧装扮的楚河汉界。

你可能会说，每季都有太多琳琅满目的选择、太多把握不准的流行动向，以及太多令人费解的极端式样。但好的一面是，你显然拥有了更广阔的选择空间。通过了解时下的流行趋向、掌握最受欢迎的色彩和风格，同时学会了解自身的特点，就能成为自己的"时尚教主"，就可以让购物变得轻松愉悦，更重要的是，能够充满自信地展现自己的夺目光彩，尽情表达属于你的个人风尚。

# 符合商务礼仪规则的衣橱规划

能够使衣着得体的最后一步就是，规划一个符合角色定位的个性化衣橱，从职场到娱乐、从晚宴到运动、从日常到度假……它将在任何场合都让你能够恰如其分地展现自己。场合角色定位清晰是着装礼仪最重要的一步。假如你在传统保守行业工作，如投资银行、律师事务所或政府机构等，即便你对戏剧化的打扮情有独钟，或者醉心于独树一帜的时尚形象，也不得不收敛。一个过于吸引人眼球的前卫着装是不符合传统的行业规范的，在这些环境工作，在大多数情况下服装与配饰都不能太夸张。当然如果你不在传统行业工作，或者在传统行业不是日常工作状态，可以展现一些高度时尚"达人"的魅力。应该说，如果你的工作需要穿着职业套装，那么在休闲娱乐或者晚宴聚会的时刻，展现你独一无二的个性风采就显得更加重要了——这时，打造一个"以有限衣服穿出无限风格"的私人衣橱便是你需要考虑的重中之重。

一个得体的着装要求我们的风格能够做到：

衬托你的身体特征——通过着装色彩和款型的选取，来与自身独一无二的身体特征性相得益彰；

表达你的独特个性——从穿着的服饰中寻找到最为舒适的自我，并且表达出无与伦比的个性；

符合当下的时尚坐标——有着敏锐的时尚嗅觉并能够实现细微的改变；

适合当时当地的场合角色——用不同的样式来平衡生活和衣橱。

（在本书的最后一部分，我们将介绍个人衣橱的规划建议。）

张玲老师与国际合作伙伴在美国

　　一个人要向外界传达完整的信息，单纯的语言成分只占 7%，声调占 38%，另外 55% 的信息都需要由体态语言来传达。而个人修养就体现在举手投足之间，在了解握手位次等基本商务礼仪的基础上。

# 第二篇

# 身体语言

## Body Language

### 无声的自我表达

　　从第一篇内容可以看到：你的着装品位对体现你的视觉印象非常重要。接下来，让我们继续体会一下肢体语言营造的空间印象吧。想象一下，在要求统一着装的公司，大家都穿着同样颜色、同样款式、同样材质的服装，我们对每个人的印象仍有不同。因为服装之外，还有形成不同印象的其他重要线索，其中包括身体表达出的"无声的语言"，如你的坐姿、你的站姿，以及你的眼神、你的表情……这一切都在做着无声的自我表达。你是充满信心的，还是缺乏信心的？你是值得信赖的，还是让人疑惑的？也许你认为只要递出名片自我介绍一下相互就可以了解了，其实，在你正式开始与他人接触时，你的肢体语言已然在无形中默默界定了你在他人眼中的形象——无论是商务洽谈还是社交宴会，不论是与朋友相会还是与陌生人相识，仅有一个得体的着装形象还不够。在得体着装的后面还需要展现出得体的动态身体语言才能给别人留下良好的印象。

# 身体语言的重要性

《美国传统词典》是这样界定身体语言的："通过身体的手势、姿态和面部表情，与他人进行的非语言的交流方式。"30 年前，大多数字典里尚没有出现"身体语言"这个词条，而时至 30 年后的今天，已经形成了一个引人注目的领域。

互联网、有线电视及大众媒体很大程度地使我们意识到了公众形象的重要性。当我们在电视上观看竞选演讲的美国总统时，似乎总能够感觉到每一个微妙差别：在麦克风前他表现得自然吗？他的手有些微微发抖吗？他的动作让他显得从容自信吗？我们看到的这些无声语言所表达出的信息和他要讲的话同样重要吗？在奥巴马和麦凯恩的总统竞逐中，摆在观众面前的是奥巴马昂扬年轻、精力充沛而又控制力十足的形象；相比之下，麦凯恩看起来则显得老态龙钟并因此在演讲中常常缺乏必要的活力。撇开年龄不谈，单是肢体语言，如站姿和面部表情，就已经传递给了我们许多不言而喻的关键信息。在很多时刻，不经意的肢体表达甚至比你字斟句酌的措辞更能"泄露天机"。（有关措辞的用法、语调的拿捏以及它们的重要性将在后面的章节讲解。）

在工作场合我们很容易忽视身体语言流露的信息，那是因为我们更倾向于相信承担的工作内容和办公规则会扮演着与同事之间关系的缓冲阀。尽管如此，身体语言是你成功履行商务职责的重要基石，是你整体风格和外在表现的核心要素，并对你在任何条件下的胜负成败都有着深远的影响。

身体语言的重要性在初次会面的气氛里更为显著。你满怀对自己衣着的自信走进了某人的办公室，你也履行了见面握手的商务礼仪规则，但仅仅 30 秒甚至更短的时间，你光鲜亮丽的外表所营造的良好印象便有可能发生转变。也许是因为你在椅子上懒散的坐姿，也许是交叉的双腿，也许是不自然上下晃动的手……这些信号足以使你最小心翼翼试图展现出的美好外表瞬间功亏一篑。

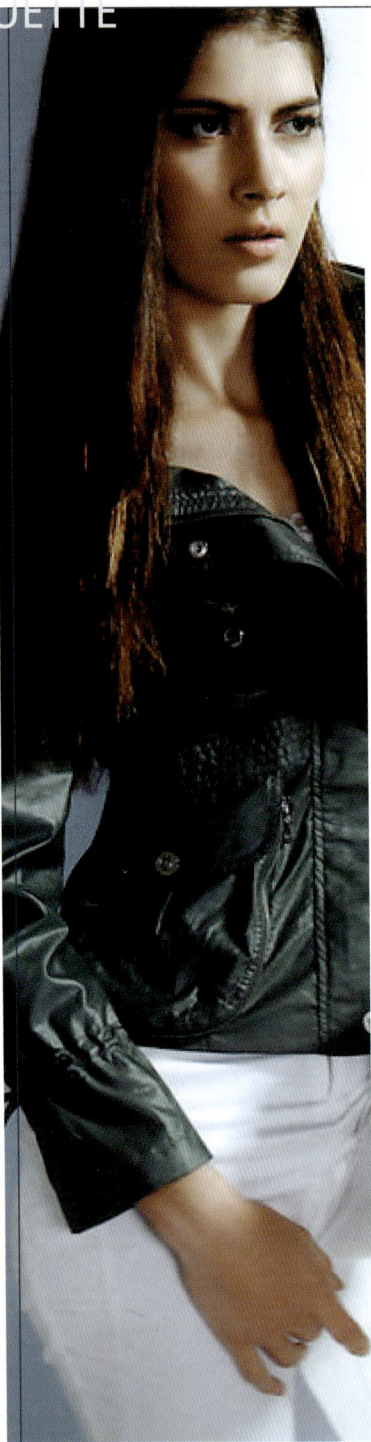

# 1 影响你形象的姿态

不论站立还是坐着，如果你呈现出懒散的姿态，至少传达出了 5 个负面信号：缺乏自信，漠不关心，缺乏自我尊重，索然无味，以及邋遢草率。尽管我们站立没有必要达到军队士兵的标准，但确实需要对身边发生的事情保持机敏、自信和警觉。一个好的姿态可以最大限度地集中他人的注意力，同时展现出你在专心致志于正在处理的商务——可以说，良好的姿态可以为你缔造一个通往成功的阶梯，并使他人欣然接受：你就是赢家。例如，从容进入会场的姿态细节包括：走进会场时，身体挺拔、精神饱满、步伐稳健，走到中间时再稍加停顿。这个短暂的停顿可以提供充分的时机去观察会场内的关键人物，同时也给予了他人在你进入会场时注意到你的契机。

# 2 影响你形象的眼神

和姿态一样重要的是眼神接触。最让人不自在的是谈话时对方极力躲避的眼神。保持良好的眼神接触（而不是穿透性的凝视）可以投射出正直、诚实、自信，以及对别人诚挚的关心。眼神徘徊则暗示了紧张、漠然，或是无聊。良好的眼神接触仿佛在告诉对方你正在倾听并使你成为更好的聆听者，同时，关注的目光还表明你在对方身上集中了足够的注意力，也使他或她感觉自己很重要。

直接的眼神接触的时间要达到 40% ～ 60%，如果少于这一比例，就会给人以羞涩、心神不定、试图隐藏什么，或者缺乏自信和权威度的感觉；相反，如果眼神接触的时间超过了 60%，别人则会感到局促窘迫，仿佛囚犯受审，或者从显微镜底下被仔细观察的感觉。如果有时有人说你有点过界了或者有失礼貌，而你无意而为，不妨检查一下是否在眼神接触方面出了问题——很有可能是你的眼神接触的时间超过了 60%，从而使别人觉得受到了侵犯。

别人讲话时要做一个好的倾听者，让你的眼睛学会说"我在认真聆听"，由此传达出同感和关心。同样，你在讲话的时候，也应当看着听众的眼睛来辨别你是否吸引到了他们的注意力——假如你的听众根本没有在听，你说话的内容也就无关紧要了。

打电话的时候，在电话旁边放个镜子来检查你的眼神是不是在支持你的语音。恰当运用微笑和皱眉的动作来为你的面部表情润色：在适当的时候微笑以配合你的谈吐，偶尔的皱眉也可以使你看起来神情专注并使你的语音更加丰富。

*引言：世界上有两种力量非常伟大，其一是倾听，其二是微笑。*

*——乔·吉拉德*

# 3 Eye Signals
## 眼睛的信号

　　让别人理解你的眼睛发出的信号很重要，觉察到别人的眼睛发出的信号也有着同等的重要意义。美国一位研究者发现，大多数人习惯于在交谈过程中将注意力集中在对方脸庞的下半部分——鼻子、嘴唇或者脸颊，然而事实上真正能让对方产生感觉的注意力却主要来自脸庞的上半部分——眼睛、眉毛及额头。

　　在商务会谈过程中，你不妨尝试想象在对方前额上勾勒出一个三角形，并在这个区域里保持目光接触。这样能够营造出庄重尊敬的气氛，并使别人感觉到你想要促成交易的诚意——事实上，当你专注于凝视这个区域的时候，往往在无形中掌握了控制互动的主导权。

　　凝视别人的眼睛以下的部分，暗示交流氛围已经从商务向其他方向发展。对方也会将目光移到你的眼睛和嘴之间的部分，但这也往往是一种"不专业"的表现。

　　在遇到交往甚笃的密友时，人的眼神可以聚焦在眼睛和身体的其他部位。彼此之间的亲密程度可以经由注视眼睛到胸部或者更下面来判定。如果忽略性别的问题，这种眼神往往表示了对对方的兴趣。如果对方也对你抱有同样的兴致，将会还以同样的眼神——这种眼神是亲密无间的，但请记住在要求职业感的商业环境中这种眼神注视区域是永远不合适的。

# 4　太近了不舒服

尊重他人的个人空间是一种基本素养。当你和别人进行一对一谈话时，请千万不要和对方凑得过近——这一点在男女谈话时尤其值得注意，因为每当此时谈话双方的敏感度也会很高。一般地说，让对方感到不受侵犯的"私人空间"应当保持为45～90厘米，这对鸡尾酒酒会和其他社交或休闲活动而言是绝对安全的空间；90～150厘米都是可以接受的商务距离，但180厘米或以上就会被认为是"疏远"或"冷淡"的表现了。

这些空间规则可以应用于标准的见面问候、走向别人的桌子，或者从别人背后的靠近。当你在阅读文件、报纸，或者其他文件材料时，最好多复印一份以尽量避免无意中"侵犯"到你同事的"私人空间"——这种让人感到舒适和有备而为的方式，确实能为你的整体形象添加得体的一笔。

# 5　身体接触

在商务场合，除了标准的商务握手，有一项约定俗成的基本规则是：不能碰触！碰触不仅是对私人空间的无礼侵犯，而且也会使人心生疑惑：在商务场合下接触的目的是什么？你当真如同你所表现的那么友好吗？需要格外提醒的是，除了握手之外，永远不要碰触一位异性的商务同事，以确保不留下任何错误的印象和误解。"避免碰触"的原则也适用于其他无生命的物体，譬如说装饰品（尤其是绘画），或者是某人桌子上的小物件。谨记，除非你被邀请去"感觉一下"，否则一定要严格遵守"不碰触"的明智原则。

无论休闲还是工作，每天我们都在接触形形色色的人。我们需要聆听他们在说些什么，同时需要结合无声的身体语言，才能将他们的全部意思了然于心。下面是一个简短的清单，看看这些常用的身体语言背后的精妙隐喻吧。

## 肢体语言解读清单

### 积极的信号

自然、不勉强的微笑；不做作的大笑

提及或展示一件深感兴趣的物品，如家人的照片、工作奖品或信件

当你坐在对面时，对方把桌上的报纸和别的物品都收拾干净并保持眼神接触

当跟你说话时，对方将手从脸上移开，并保持端正的姿势

保持简单放松的姿态；坐着和站着都很放松

允许见面时间适当延长

聆听，然后把你想指出的观点记下来

当会议结束时起身走到门口

## 消极的信号

- 很少或几乎没有眼神接触

- 斜视、皱眉

- 握手过于快而没有热情

- 把手放在脸上任何一处

- 看墙、桌子或地板

- 握紧手；敲桌子；手做出不耐烦的或紧张的动作

- 嘴很紧绷；过少或没有微笑

- 姿势僵硬，脚直直地站在地上

- 一直看手表

- 允许电话接入，打扰正在进行的交谈

- 表现出心烦、茫然，仿佛心被别的事情占据

- 显示无所谓的感觉

　　身体语言的应用带有一定的挑战性，细腻多样，并且会因场合、文化、环境的变化而变化，因此需要终身学习。这方面越有意识，你越能了解和领悟这些信号。熟练驾驭这些信号，将有助于你纵横职场。值得一提的是，学习实践"身体语言"不仅充满乐趣，而且是一种无价的商务技能。

**As a negative**

社交礼仪是职场精英们与外界建立联系的重要桥梁，如何在社交场合打破坚冰是每个人需要学习的课程。

成功优雅礼仪专家为跨国公司开展商务礼仪培训

张玲老师为职场精英指导社交礼仪

成功优雅
国际形象礼仪学院

您走向事业
您读过完美

第三篇

# Break
# the Ice

# 打破坚冰
## 社交沟通与互动

# 迈出第一步

## 开始了解你自己

在出席商务社交活动的时候,你经常会遇到陌生的面孔。假设你的着装非常端庄得体并且很适合那个场合,就像前面说过的,良好的着装能够赋予你积极的第一印象,打响了你在社交场合的第一炮。你检查了自己的身体语言,站得很直,也表现得很自信。好了,这个时候你的"成功之旅"已经有了良好的启程。接下来的挑战是:你将如何融入与他人交流的群体,如何成为他人目光的焦点?

社交场合人们经常会是一小群人一小群人地彼此交谈,现在思考一下:如果你作为一个刚刚到场的新人,你将如何使自己迅速而自然地融入这些小群体之中呢?你可能有意或无意地想过下面这些问题:

1. 我的策略是什么,我应该怎样表达自己?

2. 我怎样接近这个群体?

3. 为什么我接近陌生人的时候感觉有些尴尬呢?

4. 这个群体里的人对我的介入会是什么感觉呢?

5. 我看上去很自信吗?

6. 他们会喜欢我吗?

# 1 怎样把握出场空间

在任何场合参加活动都需要注意如何闪亮登场。几乎每个人都会注意房间的入口，学会利用"入场"取得优势。记住，这是机会的窗口。很多人常常存在这样的误区：认为参加活动只要"露面"就可以了。而那些懂得把握出场空间的人绝不会匆忙走进去。相反，他们会花一点时间精心准备。以一个清醒的头脑明确你的目的并知道怎样达到目标，这是你在任何情况下都能马到成功的重要前提。

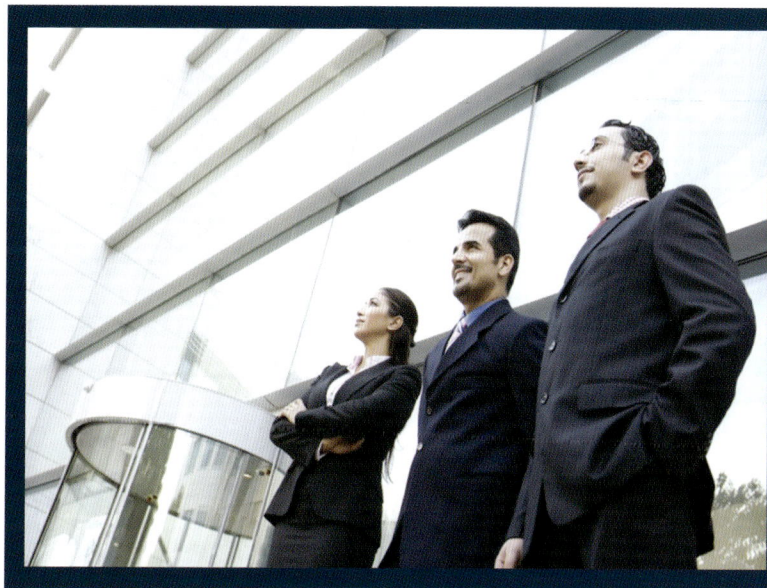

不论参加商务还是社交活动，首先要搞清议程是什么、你参加这次活动的目的是什么。当然，你不要漫无目的地"为去而去"。你要根据议程在你的脑海中产生一个合理的规划，并在此蓝图的基础上推介你的公司，或是你自己。

不管在哪里出现，成功总是青睐有准备的人。你为会议做好前期铺垫了吗？一个销售会议还是一个商务午餐？在开场之前做好准备工作和自我简介了吗？确保了这些准备工作的万无一失，下一步你再全神贯注于你的目的地——出席活动的这个场合。你需要见谁？之前务必要想好并了解好你应该见的人。请记住，你在社交场合或商务活动上作为来宾所必须完成的任务是：以让别人感到舒服的方式展现你自己，展现你的公司，展现公司的产品。

在商务社交场合与不熟悉的人见面、相互介绍并开启彼此的"破冰"对话对你来说可能有点挑战，其实这对于任何人都是挑战。在社交场合表现得轻松自如的人，往往是那些善于反复练习，具备成竹在胸的技能的人。熟能生巧，我们看到的舞台上的明星、运动场的球星的风采都是其在台下熟练基本功之后实现的。运动员的经验证实有效，相信对你的社交技能提升也是一样。

# 2 提高融入群体的熟练程度

## 引言：礼貌是人类共处的金钥匙。

—— 松苏·内吉

**哈佛大学、卡耐基基金和斯坦福研究学院的研究结果指出：**

品质、性格、软性技巧和能力……所有这些传达出一个信息——与人打交道的能力。你能够成功获取一份工作并能保住这份工作，其中有 15% 的原因来自技术和知识；而成为职场上独占鳌头的佼佼者，85% 来自你与他人打交道的能力。今时今日，你为人处世的哲学对于你将达到怎样的职业高度和个人目标都扮演着前所未有的重要角色。

## A 破冰小话题：交谈的艺术

读懂交谈的艺术意味着你首先要了解"交谈"具有双向的互动性质，即双方共同分享彼此的观点和想法，并且表达自己对另一方的关注。所谓破冰小话题（small talk），是和人打交道的一种重要技能。辞典上对"破冰小话题"的定义是：对于一些无关紧要的小事的友好交谈，尤其是在不熟悉的人之间。

破冰小话题是一种交谈的技巧，这只是人们为互相表示礼貌而说的话语，它不需要多么新颖或深刻的内容，却能够轻松打破僵局，建立起一种联系或在两人之间确定共同话题的基础，并使彼此感到愉悦放松。

## B 做一个消息"小灵通"

记得坚持阅读报纸或者新闻周刊，学会让自己与时俱进，跟上当地、全国和国际的现行步伐，把握时代的脉搏和气息，这样能够为日常交流增添一些有趣而富于价值的谈资，别人也会因此认为你见多识广而又勤奋好学。不过，永远不要自以为是，不要表现得无所不知，一个真正有智慧的人往往有点"大智若愚"，并且总是不耻下问。

## C 充分照顾他人的兴趣

学会将注意力转移到别人身上，而不是仅仅关注自己的一亩三分地。在多数时候，过分沉湎于自己的话题往往容易忽视对方的感受，一个自顾自滔滔不绝的谈话有可能让对方心生厌烦，也在无意中营造了一个偏执、傲慢而自大的形象——记住，所谓"沟通"，是同时囊括双方的"交流"和"互动"，不要总是心心念念于你所喜欢或擅长的话题，记住：多多关照一下对方的兴趣点和注意力！

## D 不要做无礼的插话者

打断别人的谈话是很粗鲁的行为，这样你不仅会中断对方流畅的思路，同时也打消了人家讲话时原本兴致勃勃的心情；另外，也不要自作聪明地接过别人没说完的话——当对方停下来寻找适当的词汇时，千万不要着急为他补全句子，你或许觉得自己是在帮助他人，却不知道无形之中已经给人留下了急切而又不耐烦的印象。

只有当你必须立即告诉对方某些事情时，才可以在别人没说完话的情形下插话——不过，即使是在这种情况下，你也应该先使用"抱歉，打断你一下"或者其他的礼貌用语提醒对方。

## E 聆听的美德

倾听是一种美德，聆听是一门艺术，欣赏是一种修养——注意听取别人的观点并有理有据地适当发表言论，对他人而言是一种基本的尊重，对自己而言也能大大降低话语的"失误率"。正所谓言多必失，信口开河、口无遮拦常常会消解言语的艺术，人云亦云地应声附和也容易给人缺乏主见的印象。事实上，暂停和沉默如同绘画中"留白"一样优美，并且表现出你是一个富于耐心和充满体贴的人。

## F 有技巧的聆听

你有没有注意到，最健谈的人往往也是最好的聆听者？应该了解，聆听是一门有意识的艺术，它需要大量的训练，尤其当你面对的是一些不那么善于表达的人之时。请记住：

■ 一定要看着对方并时刻注意对方声音的变化；

■ 注意聆听内容，允许对方把整个想法说完了再回复；

■ 如果你有不明白的地方，要勇于提出疑问；

■ 当你不同意某一观点时，要保持克制和冷静；先允许对方说完，再试着总结他们所说的内容，以确保你的理解的正确性；

■ 忽略那些让人分心、使人糊涂或与主题不相干的内容；

■ 不要完全不予回应——躲在迷宫中在某些场合可能是个好主意，但在主要问题上需要保持聚焦；

■ 有技巧的聆听还有一点是需要适度地反馈，即让对方知道你已经明白了他所说的话。如果一个人语速缓慢或显得犹豫不决，不要冒冒失失地试着帮他们说出他们要说的话——这将明显表现出你的不耐烦和粗鲁傲慢，几乎和与别人谈话时不停看表或在座位上坐立不安一样怠慢无礼。

## G 说话前要细心思考

"思考"或者可以更准确地说是"为他人多考虑"，这一要点适用于沟通互动中的所有情况——它不仅包含选择交谈的话题，而且包括观察听者的反应。记住，开口说话前一定要再三斟酌对方是否愿意听到自己即将出口的话。

**尽量避免和别人谈论你不熟悉或者不能全然驾驭的话题，比如：**

■ 对方的健康和日常饮食习惯；

■ 东西的价钱——很庸俗；

■ 私人问题，如"你挣多少钱"；

■ 不友善的八卦；

■ 冷笑话——你可能被贴上粗俗的傻瓜标签；

■ 在你不认识的人群中谈论有争议的话题；

■ 在你准备抽身离开前一定要和对方结束一段谈话。你在走开前可以说些类似这样的话："和你谈话很开心，希望我们能再次碰面"。

# 交流能力进阶的参考清单和注意事项

看过上面的原则和技巧，你是否有些跃跃欲试呢？事实上，为彼此的互动"打破坚冰"并开启成功交流之门并不是什么难事。下面我们为你列出一张简短的清单，希望你把它牢记在心并时时提醒自己"要注意"，从这里起步，让你的互动能力迅速进阶吧！

## 1. 不要进屋直接冲到吧台或是自助餐桌子那里

在参加活动前先吃点东西，不要在活动现场让人感觉到你很饥饿——就算你真的很饿，也要想到你被邀请来的原因不只是为了享用美食。

## 2. 要向组织者或邀请人报到你到场了

到场后，主动向活动组织关键人物报到，这是在商务社交前线展示公司形象的好方法。记住：你参加商务活动，代表的是你的公司。参加活动的这一出发点要让公司内部的管理层都清楚，并要求外出参会者都做到。如果你是公司领导，你要为下属做一个好的榜样，领导者的举动总是下属的行为典范。

## 3. 让和你同样地位的人意识到你的存在同样重要

用温暖的问候和亲切的握手来结识并尊重对方，要让自己看上去很合群，并且富有良好的团队精神。

## 4. 有技巧地进入一个没被邀请的谈话

首先询问并获得许可。伸出你的手"你们好，我能加入你们的谈话吗？"这时别的人也会自我介绍。

避免介入的状况。比如，当你看出两个人正在谈心时是不方便介入的；通常加入3个人或3个人以上的谈话则比较合适。

## 5. 握手要顾及周全

同每个人握手，在小范围内不要漏掉任何一个人。

## 6. 避免多余的表情和手势

需要注意的是，在当今公众形象引起高度关注和容易产生异议的环境下，在商务场合异性之间要避免可能引起他人误解的多余身体语言。更要抵挡他人不适当的肢体语言，如果有人在商务场合对你表达得过于暧昧，你要学会自我形象的维护。简单的做法是：退后一步，避免对方进一步的接触。

## 7. 与周围人的互动

如果是一个小型的聚会，你要尝试去和每个人都有简短交流，让别人知道你的存在。

如果是大型的集会，可以聚焦在你想要见的关键人物身上。

## 8. 迅速融入集体的软技巧

不管你在哪里——商务集会、大型会议、鸡尾酒会或者私人晚宴，都记住不要羞怯，学会自信地展示你自己。有一个简单的公式来告诉你怎样把握出场和回旋于这个空间。这个公式是：举止行为要表现出你是属于那个环境的。

握手是能助你一臂之力的重要技能。当你接近一个群体的时候要带有微笑，与离你最近的人主动握手，如果适当的话，说你的名字和公司名。记得要向群体中的每个人伸出手。不要只和一个人握手，而跟其余人只是打招呼——这样没有握手的人会觉得自己被忽略了。

你可能已经是群体中的一员，当有新人想要加入时，群体中的人要记得：要敞开欢迎新人，而不要表现得封闭或让人觉得难以接近。问问你自己"我想要被别人拒之门外吗"，说不定，这个新人很有可能是你潜在的客户或者某个极有价值的人物。

在和别人互动时开始要一直展现你的软技巧。美国一位经济学家研究的结果显示，86% 的公司领导认为，软技巧是他们用人条件中最重要的标准之一。

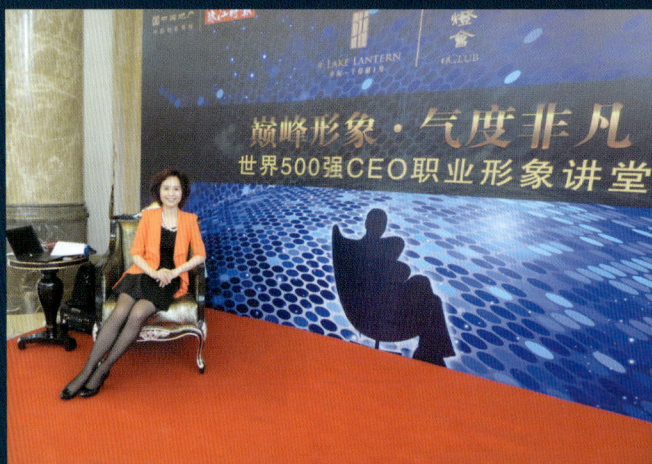

中国企业在跻身世界 500 强，步入国际化的同时也开始注重塑造国际化企业品牌形象，自 2007 年起成功优雅国际形象专家团队就开始为中国石油、中国石化、华为科技、神华集团、中国工商银行、中国银行、中国人寿开展国际化商务礼仪培训。

当你进入一个场合并开始尝试融入环境的时候，充分使用你所学到的积极的身体语言，发挥互动的智慧。现在，到了开始更直接的交流和运用礼仪礼节规则的时候了！

第四篇

Daily

日常商务礼仪

Business

Etiquette

引言： *握手是和你的语言如影随形的身体问候。*

*——无名氏*

# 握手
## 最基本的问候

无需语言，只是触觉我们就能注意到一个人。在第三篇的最后我们已经提到"握手"是你应当充分利用和予以重视的得力助手。事实上，我们在商务或更多的社交场合唯一的触觉礼仪便是握手，由此也产生了如下问题：

- 当你伸出手时，你注意别人的握手方式了吗？

- 你觉得谁是最好的握手者？

- 为什么这个人是很好的握手者？

- 他的握手给你传达了什么？

- 这个人握手时和你有眼神接触吗？

- 他的眼神接触给你传达了什么？

- 谁是你碰到的最不好的握手者？

- 你为什么觉得他的握手不好呢？

……

> 引言：有一种内在的礼貌，它是同爱联系在一起的：它会在行为的外表上产生出最令人愉快的礼貌。
>
> ——歌德

　　一个人的握手方式可以显露出他的内在特征、性格、情绪和动机。可以说，握手能转达出一个人对待别人的态度——这是完全不需要语言诠释的一种触觉交流方式，也从来不会被误解，它直接架构起了两人之间的物理桥梁。别人会根据你的握手方式对你做出评价，而这种判断也许远远超过你的想象。同样，你也会在潜意识里对别人的握手方式做出相应的评价。有个古老的西方谚语："通过握手可以了解一个人。"——当我们见面握手时，你难道不是在打量我吗？我也在打量你呢。

　　握手礼仪来自西方，早年当职场大多只是男性的年代，很多男性在童年时就被训练"要像个男子汉一样握手"。如今职场中成功女性的比例逐渐增大，职场女性和男性都意识到握手能够传递出力量，同时也希望能通过握手的方式表达自己。一位善于握手的人，更容易给人留下积极的印象，同时也能带动别人的握手礼仪。在商务活动和社交场合，无论你碰到谁，都要学会积极应用好握手礼仪。

　　在商务场合的握手，往往先伸出手的一方有着明显的优势——直接并采取主动方式，由此掌握了互动中的主控权。应该说，这些举动在商务场合都是为你加分的关键举措。而在社交场合，通常男士会等待女士先伸手。

## A 握手的基本技巧及注意事项

■ 腾出右手，不要拿任何东西——要随时准备用来握手。

■ 酒会走动时，用左手拿你的酒杯，避免握手的时候给别人一个又冷又湿的右手。

■ 伸出你的手的时候要确保大拇指朝上，别的手指伸直——这可以使另一个人的手更好地连接你的手，达成一次坚固的握手。

■ 不要在伸出手的时候大拇指朝下或者弯曲别的手指。

■ 两手相卡：你的拇指的根部要与对方的拇指根部相合。

■ 摇动你的胳膊，而不是手腕或肩膀。

■ 平稳地向上提升两次。不要上下抽动你的手。

■ 肩膀对肩膀的站姿。你握手时的站姿可以传达积极或消极的信息，即使是你的双脚也在做着关于你的广播。两脚间距应为 30 厘米，右脚比左脚超前 5 厘米，双膝稍微弯曲。

■ 管理好你的汗手，不要让对方感觉到你的手汗，可以擦干或喷上止汗剂。

■ 在手上避免用香水。在商业场合注意极少或根本不用香水，很多人都对香水过敏。

■ 右手避免戴很大的戒指。一个大的戒指会干扰握手，而且如果佩戴者的手被握得很紧的话会造成痛感。

■ 你的敏感度警钟。你要小心留意是否有人身有残疾并影响到手，尤其是面对年长者要保持警觉，等待他们先伸出手来。

■ 在社交场合，年长的女性通常先伸出手来。

■ 在美国，商务场合上性别是无关紧要的——男士和女士都可以先伸手。但在欧洲，不论是商务或是社交，握手也要讲究"女士优先"。

> 引言：外交就是用最委婉的方式去做或说最棘手的事。
>
> ——戈德堡

## B　不恰当的握手方式

　　碎骨握或压手握。太有挑衅性的握手实际上是在贬低自己，这往往暗示了你缺乏安全感，甚至可能打下了渴求掌握主导权的侵略性标签。然而欲盖弥彰的是，这恰恰说明你是个情感上的弱小者。

　　双手握。这种握手政治家经常会用。对于普通人而言，这种握手方式在商务场合是不适合的，只有遇到很熟悉的人时才可以采用。

　　握住指尖者或者过早地抓住。这种握手的目的是与对方保持刻意疏远的距离，无疑表现出握手发起者缺乏必要的自信。

> 引言：礼貌是最容易做到的事情，也是最容易被忽视的事情，但它却是最珍贵的事情。
>
> ——冈察尔

## C 握手的机会与场合

■ 当你被介绍给一个人的时候；

■ 当你在离开时说"再见"的时候；

■ 当有人去你办公室看望你的时候；

■ 当你在办公室外面碰到别人的时候；

■ 当你祝贺某人得奖或者成功演讲的时候；

■ 当你在宴会上见到离你最近的客人或主人的时候，以及当你在活动场所走动时遇到人的时候；

■ 当你设法安慰某人的时候。

## D 不同国家的握手习惯： 一个国际化的视野

**遵循以下的提示和技巧能够开拓你的国际化视野：**

*一个国际化的商务竞争能手在任何舞台上都是保持警觉而又轻松自如的。*

在美国的商业舞台上，谁都可以先伸出手。先出手的人往往占有优势：建立控制权、主动权，并且时刻展示出一种直接和坦荡。积极主动握手有利于在商务场合上大展身手。主动伸出手的女性可以打消男性考虑要不要伸出手的疑虑。

在商务关系中，握手是一种遍及全球的具有通用价值的礼仪。

在西欧和东欧，当人们分开一段时间后会重新握手。当你去吃午餐和回来后都要握手，这是基本的礼貌。握手顺序从最年长或资历最高的人开始，然后向下依次类推。高级别的人先伸

> 引言：眼见为实，耳听为虚。
>
> ——赫拉·克利特

出手，女性之间先彼此握手然后再与男性握手。女性拥有发起握手的主动权。在欧洲如果一位女性没有主动向一位男性伸出手，她会失去可信度。

欧洲人和拉丁美洲人握手的力度比较轻，但握手时间是美国人的两倍。如果你很快抽回手，会被对方认为是拒绝。

在中东，握手是非常柔软和持久的——不要缩回你的手，慢慢来。到达和离开时和每个人握手。

在东亚，你在不同国家会碰到不同的握手方式：一些国家混入了鞠躬，一些国家两只手一起握，还有的国家上下抖动很多次。

在日本，一个轻轻的握手加一个点头是合适的。

在美国，与女性握手要像和男性握手一样坚定。

……

事实上，不论参加商务活动还是社交集会，都要以亲切的握手开始并以友好的握手结束。

得体的礼节要求你和群体中的每个人都握手。即使在一个拥挤的房间，也不要只对一部分人握手，然后对剩下的人招手说"大家好"——这会使那些你忽略掉的人感到自己被刻意拒绝了，并且每个人都会注意到。

握手要有一定的力度，但也不要用力过大。在某些文化中握手会轻点，但要避免毫无感情的僵冷的指尖碰触式握手，这是普遍不受欢迎的。

引言： 遇到他人时热情招呼是最显坦诚的礼貌。

——拉瓦特尔

# 介绍
# Introduce

如果说"握手"先在触觉上让他人感受到了你的风格和气度，并由此获取了对你的直观印象，那么接下来的"介绍"可是你正式亮出身份、真正告诉别人"我是谁"的关键时刻了。自我介绍要展现你神采奕奕的自信、介绍他人时要遵从人们心照不宣的"潜规则"、被他人介绍时要懂得随机应变……一切要求乍看之下绝非易事，那就快来学习一下吧！希望能够为你提供一些启发和助力。

## A 自我介绍

介绍你自己是使别人认识并了解你的方式。当你面临全新环境的挑战时，也许需要鼓足勇气才能接近陌生人——不过，进行自我介绍无疑是迅速融入最简单的形式。不管怎么说，你只需记住自己的名字就万事大吉，而完全不必担心他人介绍时的疏忽出错而使自己陷入窘迫。

你应该充满自信地介绍自己，注意有意识地保持主动：向某人径直走过去，礼貌地伸出手，亲切地予以问候并说出你的名字——要知道，介绍自己是你不可推卸的义务和责任，你不能表现得胆怯害羞或者畏畏缩缩。在任何活动或典礼时，不管场合大小或者场面隆重与否，如果没有他人引见的话，记得主动介绍你自己。一个商务场合的介绍包括你的姓名以及关于你的基本信息，如"你好 xx， 我叫 xx，在 xx 工作"。

# 1 The timing and occasions
## 介绍自己的时机与场合

当你认出某人而他／她并没有认出你时，恰当的方式是介绍你自己然后指明你们以前曾在哪里见过面，使对方不会感到尴尬或不自在。注意不要质问"你是不是不记得我了"，不管那是参加一个聚会、商务活动，还是社交集会，只要说明当时你们双方都在场就可以了。

当你坐在别人旁边时，要主动介绍自己，而不要被动地等待对方先开口——对方很可能碰巧是那种始终缄默不言的人。

当介绍你的人不巧忘记了你的姓名时，你要主动过去说出你的名字，救场如救火哦。

面对朋友的朋友时，说出你的名字并告之你与那位朋友明确的关系，譬如，"我和你的朋友xx 是同一个学校的校友"。

永远不要给自己冠以敬语。记住，千万不要在介绍自己的时候用敬语或加上头衔。

有些人作自我介绍时总是略显急躁，他们往往还没来得及介绍自己的名字就唐突地脱口而出："你叫什么名字？"比较有风度的做法是先介绍自己的名字，给对方留出充分的时间回应自己，然后再询问对方的姓名。

如果你打算向一群人介绍自己，那么最好等到他们的谈话自然地出现间隙时再插话进入。你只需要向他们说一声"你们好"，再介绍自己的名字就足够了。此外，你也可以向他们解释自己希望与之攀谈的原因——向对方求助，或者希望从别人那里获取信息，这往往是融入谈话群体的高招。

# 2 对介绍的反应

引言：*也许你觉得明白了我在说什么，但我不确定你是否意识到，你所听到的并非我的真意。*

——奥斯卡·王尔德

回应介绍者的方法就是告诉他一些关于你的信息。一个恰当的回应首先需要很好地聆听。"你好"是不够专业的回应，因为在正式而严肃的商务场合，一句云淡风轻的"你好"听起来总是缺乏成熟的内涵；在回应他人的介绍时，你的话语应当包括对方的名字——带着温暖的问候说出对方的名字，往往可以帮助你更迅速地记住对方。伸出你的手，脸上绽开灿烂的微笑，身体向对方微微倾斜并且温和地说："你好，xx先生／女士！"

在商务领域，所有的介绍都基于职位优先顺序，而不是性别顺序。商务场合的女士和男士都应按外交礼节来相待，而不是以骑士风度来对待。

懂得如何正确地介绍会使你取得交往时的优势，也有利于避免你从见面时起就费尽心思营造好的良好第一印象在介绍环节功亏一篑。

# B 商务介绍的顺序

**应该将谁介绍给谁是让很多人都感到困扰的大难题。但实际上，介绍的顺序并不像想象的那么复杂，只要搞清下面四个顺序就可以了。**

## 1 较高职位的人士接见较低职位的人士

通常在商务介绍中，介绍的顺序是由优先权决定的。首先被提及姓名的往往是位高职位的人，随后再向他们介绍其他人的姓名及身份。比如，在团体中职位最高的人比较低位阶的工作人员有优先权，保证他们的优先知情权是一种尊重之礼。比如，一般地说，CEO（chief executive officer，首席执行官）是公司里职位最高的，因此也比公司里的其他员工拥有优先权。

**正确方式**

■ 较高职位的先生／女士，向您介绍一下这位较低职位的先生／女士。

■ 如"总统先生，向您介绍一下 xx 先生，他是 xx 市的市长。"

## 2 年长的／资深的管理人员接见年轻的／资历较浅的管理人员

年长的／资深的管理人员接见年轻的／资历不深的管理人员。资深人士的名字会被优先提及，资历较浅人士的名字最后被提及。

**正确方式**

■ "史密斯先生，这位是亚太分公司市场部的杜先生。"

## 3 官员接见非官员人士

官员接见非官员人士，先称呼官员的名字和称谓，之后再提及非官员人士的名字。

**正确方式**

■ "市长先生，我向您引见一下，这位是 xx 出口公司的 xx 女士，xx 公司是我们国家的纺织品主要出口公司之一。"

**注意：** 本地区官员的职位是不需要解释的——一个机敏的专业人应该清楚本地区的官员；但是，外区域官员的职务需要解释清楚。

## 4 顾客与提供服务的公司的主管

顾客与提供服务的公司的主管之间的介绍，总是优先称呼顾客的姓名，再说"向您介绍我公司的 xx 人员"——注意，顾客比你们团队中的任何人都要重要，即使你们部门的人员是副总而你的顾客只是职位较低的人。

**正确方式**

■ "史密斯先生，向您介绍一下，这位是我们公司的副总石先生。石总，史密斯先生是我们北欧区的客户，他对我们的新产品非常感兴趣。"

# C 社交介绍的原则及称呼方式

# 1 介绍的基本原则

无论是在正式的还是非正式的社交场合，都需要先称呼年长的或职位高的人，之后再提及被引见的人的名字和称谓，中间用"我向您介绍／我想为您介绍"来连接。

按照传统习惯，在正式的社交场合我们通常将男性介绍给女性，即先提及女性的名字，再说"向您介绍"某位男士。例如："李主席（女士），为您介绍一下，这位是王先生。他的太太是这次活动的主席。王先生的公司捐赠了这些鲜花。" 但是，国际外交场合是例外的。外交场合需要根据国际外交礼仪，女性要介绍给大使、公使馆部长、国家首领、皇室或者教会中的重要人物。例子："大使先生，请允许我给您介绍何女士。她的先生是 Sky 公司的 CEO。 何女士，这位是德国的大使。"

先将年轻人介绍给年长者。例如：把孩子介绍给一位长者："史密斯先生，请允许我

向您介绍一下，这是我的女儿——玛丽。"

当在一个大家都直呼姓名的熟悉群体里，可以以不那么正式的方式介绍两个人的时候，可以说："玛丽，介绍一下，这是汤姆·琼斯。"如果你只知道两个人中一个人的名字，就介绍为女士、太太或先生。记住称谓要一致。例如："史密斯女士， 我想为您介绍一下琼斯先生。"

# 2

## 家庭介绍的规则

### 介绍自己的配偶时

永远不要在社交场合将自己的配偶的姓名后面加上先生或太太，如史密斯先生或史密斯太太。

如果大家都知道你的姓，你只需说："介绍一下，这是我的先生——汤姆"或"玛丽，我的太太"。

一位有修养的男士永远不会说"这是我老婆"或"我那口子"。

如果一位女性有一个众所周知的职业名字，或者与她丈夫有不同的姓，她应该在介绍她丈夫的时候提到他的姓："约翰·琼斯，我想要介绍汤姆·威廉，我的先生。"这可以避免先生被用妻子的姓来称呼的尴尬。

### 介绍一个人的亲戚时

需要明确表达他们与你的关系："玛丽，这位是吉姆·罗宾逊，我的堂兄"或者"艾伦，这位是伊丽莎白·琼斯，我的嫂子"。

**下面我们为你总结了一些社交介绍技巧的小贴士，希望你能记在心里并熟练掌握和运用自如。**

# 3

## TIPS

## 社交介绍小贴士

总是不要忘记加入一些补充说明的信息，这样可以更方便别人发起谈话。

例子："安娜，这位是约翰·赫斯。约翰是我在大学时的同学，他来这里出差。这位是安娜，我和安娜在一个公司工作。"

如果你要同时介绍几个人，也很简单。你只要说出新来者的名字，然后说出群体中每个人的名字。

*引言：经验是获取的，而不是被给予的。*

*——帕维斯*

　　如果你记不住群体中所有人的名字，只要说出新人的名字，然后让群体里的人来自己介绍自己，这是一种正确、可接受并且易于实践的办法。

　　当介绍两人相识时，不要在其中一个人的名字上加上"我的朋友"这样的修饰。这似乎暗示着另一个人不是你的朋友。

　　如果你介绍一位酒会上的新来者，环屋介绍是不必要的。你只需将新来的人介绍给最靠近的一群人，然后适时查看确保这些人在流动着。

　　当主人很忙的时候，客人有义务自行走动，与旁人交流和介绍自己。

　　作为主人，可以根据具体情况加上一些开启交谈的启动器，如"玛丽刚从伦敦回来"或者"约翰是一个律师"等。

　　介绍要简洁，不要提及过于多的细节。

# 4 介绍时刻的注意清单

**避免多余的、不必要的姿势 / 手势。**

例子：触碰你介绍的人或者当你说出别人的名字时身子向对方倾斜。

**事实：你越不依赖姿态手势，就越显得自信和有权威。**

当你说出对方的名字时，要注视对方使注意力聚焦——这会使对方感觉自己很重要，并且使你自己主导权在握。相反，目光从对方的肩膀望出去，或者四处张望眼光游离，就如同在告诉对方你的心不在焉和对介绍的毫不在意。

当你介绍别人的时候，介绍一下有关这个人的一些事，由此可以使双方更加容易开启交谈的话题。

当你与某人初次会面、握手或者告别时，记得要保持站立。在商务场合女性不要太考虑女士优先因素，一位职业女性如果坐着与他人握手或问候，就会降低她的可信度。

例外：如果你在一个不适合站起来的地方坐着，或者你不能轻易地起身，比如，在非常松软的座位上或者狭小的房间里，你可以继续坐着但是要说"请原谅我不站起来"。

要有一个清醒的社交头脑。在社交场合，当一个熟人加入这个群体，或者一位女性离开桌子后又回来了，男性要站起身，而女性可以继续坐着——男性站起身是绅士有礼貌的表示。

无论是自我介绍还是介绍他人，声音都应清晰洪亮而不能像蚊子一样模糊微弱，确保口齿的清晰以保证介绍的双方都能听得明白、准确。

当你被介绍错了时，需要马上更正介绍人的错误，但是请注意，是充满善意而又和颜悦色地更正，并且保持你应有的风度。"稍微更正一下，我姓李，是李 x x，不是王 x x。"同样，当你的公司被错误识别了时，也请微笑地说："我是在瑞士银行工作，不是世界银行。"

人们常常由于担心不清楚介绍的形式而感到惴惴不安，但你需要知道介绍的目的通常有二：

其一，让双方了解彼此的姓名；

其二，让陌生人相处时更加轻松愉快。在大多数情况下，人们都是在轻松随意的氛围中进行相互介绍的，没有人会因为你介绍时的些许纰漏而耿耿于怀或者认为你有意怠慢。

一旦你发现自己出现了差错，明智的上策是把介绍继续下去——突然中断介绍来纠正自己的口误，只会让大家感到更加混乱。

# 记忆名字，用好名片、通信设备

## 1 记住名字的简单原则

不要再对自己暗示说你记不住名字，而要开始告诉自己"我很擅长记住别人的名字"，经常重复这个声明如同一种自我暗示，可以抵消记不住别人名字而带来的困扰。下面的小贴士或许可以帮助你提高记忆力。

当你遇到一个新人的时候，你要做的是特意为自己留出一些时间，把心情放慢，静下来集中精力仔细聆听，而不仅仅是机械地交换名片这么简单。

在交谈过程中尽量多提及对方的名字，重复可以促进记忆。就像这样："吉姆，挂大衣的架子在这个柜门里。"

多注视对方的脸，在头脑中将脸和名字勾连起来——对于我们大多数人而言，记住人的音容笑貌比记忆名字更加容易。

建立联想，比如，你熟悉的哪个人也有同样的名字。

询问对方名字如何拼写，如"是有 v 的 steven 还是有 ph 的 stephen"。

告诉这个人你曾经听说过他／她，并且充分认同他的才能或特殊的贡献。"马克，我听说这次商务礼仪专题研讨会是你提议的。"

## 使用记忆技巧

显示出如夏日阳光般的热情：配合声调和身体语言的使用，让对方感到你因为认识他而拥有了很大程度的喜悦。

把精力更多地放在别人身上，不要总是孤芳自赏：不论是初识还是离别的时刻，都让自己变得更加专注于对方。

如果对方没有记清你的名字，不如大大方方地走过去：带着温暖人心的微笑伸出手，做个自我介绍吧，"我是玛丽，在 xx 公司工作"。

如果你因没有记住对方的名字而感到有些窘迫：不必表现得过于担心，也不必纠结于自己的尴尬。一种简单的办法是：带着美丽的微笑主动伸出手，大方讲出你自己的名字，对方会以同样的方式讲出自己的名字。

## 2　名　片

名片是你的视觉交流的一部分。递交名片的要诀是：要使接受者记住你。

出示名片的时候，要把印有字迹的一面正向接受者，这样接受者不用把名片旋转过来读。

千万不要递出有残缺、无效或者有污垢的名片。

准备一个名片盒是非常必要的，如一个漂亮的真皮名片夹，可以保持名片的崭新度并使其不受磨损。

在出席正式的大型活动之前，别忘记把名片放在你的西装口袋里以便于拿取。

记住在社交活动中随身带上名片，说不定什么时候商机会从天而降地光顾于你。但你同时也要小心行事，尤其是在别人家里的时候——如果要交换名片，不论何种场合都还是私下交换为上策。

每次拜访一个公司的时候都要出示名片给前台接待人员，这可以帮助前台通知别人你的来访。

别让你的名片像五金店铺门口的飞虫一样满天飞。如果总是像散发传单似的到处分发你的名片，会显得你爱出风头和不够专业。

不要硬把名片塞给别人，或者在交谈中过于着急地递交名片。低级别的人不要过于主动向高级别的人递出或索要名片——静静等待高级别者请求你的名片吧，也只有在这个时候，你掏出名片的动作才显得恰当又自然。

接受他人名片的时候，花点时间来仔细看看它——毕竟名片作为一个符号，正代表了你眼前的这个人。你可以在名片上注释些相关的内容，但最好不要在对方还在场的时候就这样做。

## 3　电子通信

对一个公司来说，所有的交流方式都很重要。随着信息技术日新月异的发展，不论是电子邮件、手机、掌上电脑，还是语音留言、扩音器、电话会议、传真……形形色色的通信方式甚至已经上升到了非常专业的水准，并且在商务运作中举足轻重。因此，我们建议公司确定一套关于电子通信的政策，这样不仅有助于雇员对规则的有效遵从，也可以保护公司免受潜在的诉讼隐患干扰。

## telephone protocol

### 电话礼仪

接听商务电话务必要展现专业的素养和令人愉悦的礼貌。"早上好／下午好！"

呼叫者应该说出自己和公司的名字，并且记录下和清晰告知对方相关的重要信息——你的姓名、公司名称、电话号码和方便回电的时间。

例如，"我是环球公司的马克·罗伯茨，请问，特殊项目部门的梅尔先生在吗？"

## cell phone

### 手机

记住，在拥挤的地方用手机交谈是不保密的。出席商务会议、餐厅、剧院和音乐会时最好关掉你的手机，或者改用振动模式提示你的手机来电。

## pads computer

### 掌上电脑

掌上电脑是有键盘和上网功能的手机电话。和手机一样，在需要你参与的商务场合应尽量避免使用掌上电脑，或者用振动来提示你有来电和新的邮件。

## voice message
### 语音留言

问候。预先录好一个专业的语音留言，如"你好！我是马克·托马斯。请留下您的名字及电话号码、简要留言和回电时间。谢谢"。

留消息。语音留言需要明确告知你和公司的名字、电话号码以及来电事由。此外，还应包括留言日期、时间和方便回电的时间。

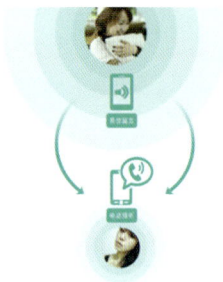

## speakerphone
### 扩音器

使用扩音器前要首先经过对方的允许，同时经由同房间里的其他人同意。

## teleconference
### 电话会议

进行电话会议时需要关掉手机、传真机、呼叫等待，以及其他一切可能发出干扰声音的仪器，以避免通话时的不必要干扰。

## fax
### 传真

记住，传真是不保密的，使用传真时最好能够加上一个封面页或者贴上一个小标签来标明所传达的信息，并且附上一个声明用来表示"不承诺保密"。

# e-mail
## 电子邮件

使用电子邮件一定要达到专业化的标准——在任何时候都要使用商务标准的条理方式，并配合以适当的商务语言来表达信息。同时，在你进行国际电子邮件往来时要注意文化差异。

记住，邮件的语言要开门见山，商用电子邮件就像写在纸上的备忘录，应该表达明确的目的，并且简明扼要——所以请控制邮件的篇幅。

正确的拼写、语法和标点都是专业化程度的象征。

要记住，邮件内容同样是不保密的，因此电邮系统并不适合传递私密信息，如合同、商业计划、薪酬和公司销售额等，其他人可能会有意或无意地拦截你的邮件。

在"主题"一栏里需一目了然地写明邮件的题目，回复邮件需限定在 24 小时之内。

国际邮件要正式地称呼别人为"先生"或"女士"，直到对方邀请你直呼其名，否则切勿随便地表现得很亲密。

用与特定国家对应的日期、时间、度量单位。

指出你所在的时区和你当前所处的位置。

例子：早上 10 点，纽约东部标准时间。

在全球化经济环境下，中央组织部领导和国资委领导是学习与实践国际化商务礼仪的典范。

成功优雅张玲老师在中央组织部领导讲授政务礼仪

张玲老师为国资委女性领导培训优雅气质

# 第五篇

# 礼仪规则的运用与强化记忆

## The Application of Etiquette Strengthening

## 场景模拟

# 在拜见重要人物的
# 前台接待处

这一部分讲解身体语言、语言信号在人与人之间互动的重要性。场景可以是拜见上级领导或拜见大客户公司的领导的前台接待处。例如，今天你来到大客户公司，你的任务是向几乎掌管所有公司事务的副总琼斯先生推介你自己或者你公司的产品。

学习到这里，你已经知道，从你打电话预约见面的时候起就已经开始营造自己在别人心中的印象了——事实上，正是因为你说了正确的话，才奠定了你此刻身处于此的前提。现在你已然在这里了，所需要做的就是如何保持并且继续提升你的良好印象。

在接待处度过的这一小段时光非常重要。

当走进接待处后，首先应向接待人员友善地介绍自己：说出你的名字、头衔、来访事由、你拜访对象的名字，以及所预约的时间——如果能够再适时递上一张名片的话，将更为你增色不少。在时间方面，"准时现身"是不言自明的基本标准，最好能够提早 5 分钟或 10 分钟到达，用这个时间不妨做一点阅读让自己定定心。

如果你穿着大衣，可以问问接待员放在哪里——你需要为接下来的自我介绍空出你的双手。但在大多时候，接待员会主动帮你挂好大衣——事实上，这是理所当然而无需你费心的。但这一小小举动的实际用心是：发出信号说明你已经习惯于出入有人帮你存放大衣的地方，也正是这一无声的方式向人表达出你曾经去过比这里更好的地方。

有效利用你在接待处的时间来做拜见重要人物的热身演练吧：调整好你的心情和语调，隐藏好任何疲乏和焦虑的迹象，并且，开足马力启动你的热情洋溢和自信风采。你可以尝试和接待员随便闲聊几句以达到身心的适宜和放松，同时确保你的整个身体系统已经准备好了"出发"迎接即将到来的挑战！

如果接待员问你要不要饮料或咖啡，应当予以友好谢绝，"谢谢，但不用了"——你不会希望在琼斯先生或者他的助手引导你进入办公室的时候，手里还握着杯咖啡吧。

### 现在你们的会面开始了

见到琼斯先生之后，进入会议室，这时接受咖啡或茶水是可以的——前提是对方有意与你一道共饮。事实上，在会议室的有限时间里你需要做到分秒必争，最好不要因考虑咖啡中究竟要不要放牛奶、奶油、糖，而让时间在不经意间悄悄流逝。

在初次拜见重要人物的商务场合作自我介绍是很明智的。除非你和你所见的人已经非常熟悉，不然的话，介绍你自己的名字并明确表明你的职务。永远不要假定别人一定会清楚记得你的名字。

现在你所处的场地当然是琼斯先生事先安排好的，如果他已经与你很熟悉，他会礼貌地起身，伸出手主动问候，然后说出你的名字来表示欢迎。但如果之前不熟悉，接下来一系列程序就要交给你来完成了。如果你和同事都在场，别忘了我们已经讲过的，要介绍职位"低"的给职位"高"的人认识。在同等年龄和身份的男女之间，礼节原则允许你按照最为舒适的方式行事；但是谨记，公司的礼节和介绍顺序总是以职位为准的。介绍完毕后，你需要明确指出你准备逗留的时间长度，"我相信我们可以用大约10分钟的时间来为您展示我们的产品／介绍我们的服务"，这样，会见的准备场面就算是完成了。

## 会谈一旦开始，你就要侃侃而谈了

注意，这个时候，不要让任何不当的举止或小毛病干扰视线。

首先，你的坐姿要端正、舒适和放松，但是身子要保持微微地前倾。如果可能的话，尽量避免坐过低或者有软垫的沙发或椅子，尤其是当琼斯先生已经挺拔、舒适地坐在桌子后面的高背椅上时。事实上，你希望感受双方处在"同一层面"的眼对眼接触，以创造出平起平坐的心理感受。一个最理想状态是，你能够正对他而坐以保持直接而良好的眼神接触。

有些人会觉得这种平起平坐的方法是不必要的。这些人说毕竟他们已经走到了这个地步，没有什么椅子或坐姿能够横插一杠地阻止双方交流的效果。也许吧，这些细节可能确实不是什么要紧的障碍，但是何必要冒这个风险呢？除此之外不是还有其他的选择吗？下次你看电视脱口秀的时候，注意一下主持人是怎样以一副一成不变的姿态坐在比观众高的位置上的。其中的奥妙正在于，这位明星主持人对于台下的广大观众而言具有突出的特殊身份。如果这不是一种有效手段的话，也不会有这么多竞逐收视率和百万美金的主持人都采用同样的做法了。

让我们回到琼斯先生的问题上。不妨让商务学中"就座的力量"来助你一臂之力。所谓"就座的力量"是一种关于屋内座位排序的战略。例如，长方形的会议桌头的位置代表了"权威人物"，而坐在位序为 3 号、5 号、7 号的人可以最好地与领导保持眼神接触。

正因如此，坐在奇数的位子上的人往往会从"权威人物"那里攫取到更多关注的目光，也由此成为了会议场面里主导优势的占据者。

如果你在和一群人开会，但是其中有你想极力避开的几个人，那么就不要和那些人面对面地坐着。你应当选择和那个想避开的人同一面的座位，中间隔一个或两个朋友——这是足以避免你们有可能发生争执的屏障。

## 与琼斯先生及其他与会者道别

业务谈完后，收拾好你的公文包，此时你有必要让琼斯先生知道你是多么感激他所花费的时间和精力——如果助手也在屋子里面，别忘了对他们也要表示感谢。

如果你给人留下了好印象，琼斯先生将会起身握手并送你至门口。如果这两样他都没做，那么他的身体语言说明你有麻烦了。

跟助手们微笑着告别，告诉他们，与他们有幸相会让你感到非常愉悦，并且希望在不久的将来再相遇——当你在做这些的时候，同时留意他们的身体语言中那些能说明问题的细微迹象。

你可能在琼斯先生的办公室里感觉像在家里一样轻松自在，或者还有别的迹象让你感觉自己应该再多待一阵闲聊一下——快快打消这种想法，准时离开，给他人留点对下次会面的期待余地吧！

出门的时候一定不能对接待员不理不睬——也不要忘了你的大衣。临走的时候记得礼貌地道声谢谢再留下一个明亮的微笑——也在他人心中留下了你美好印象的余温。

后续处理：要发一封随之而至的感谢信来总结你们的会议，感谢琼斯先生百忙之中抽出时间接待你，尤其是要列出你下一步的计划安排或是你的合作预期。这样不仅保证你从商务的专业角度留下了书面的记录，也是商务礼仪的基本礼节。

# 商务礼仪基本清单

我们已经讨论过身体语言和无声交流在商务活动中的重要性——的确，身体语言的延伸和举手投足的呈现是商务礼仪准则的重要部分。无怪乎关于礼节的书籍如此琳琅满目，想必也是书出有因——得体恰当的礼仪是你最有力的言语。有些礼节细节会随着时代变化而更新。尤其对尊重女性的问题，现代商务场合与传统社交场合有很大不同。传统社交场合女性属于被照顾的对象，因此通常遵守女性优先的原则。而现代商务场合，很多职业女性与男性承担一样的责任，甚至不断蜕变成为职场的权威，由此带来了一些混淆与困惑。下面，我们为你列出了一张基本的商务礼仪清单，希望有此清单在手可以让你在当今职场上百战不殆。

## 1 帮助拿 / 脱大衣或外套

女性可以帮助男性，反之亦然。一切只取决于在特定时刻谁需要帮助。

## 2 开 / 关门

如果男士、女士同时来到了门前，基本原则是拿着最少行李的人先进门。如果这位男性熟识这位女性，当然可以发扬传统绅士的优雅风度，扮演门童的角色替她把门打开。一般来说，她不会认为自己被冒犯了。

## 3 商务用餐付款

原则是邀请的那一方付款，没有其他任何原因可以导致这一规则的偏离。

## 4 介绍引见

较高职位的人比较低职位的人优先。但如果是客户，在介绍的时候顾客永远比你们公司里面任何一个人都重要——用你的判断力去决定谁更重要吧。

## 5 碰触

除了真诚结实的握手外，其他任何形式的碰触都是不可以的。眼神接触很重要，但是男性要确保自己的眼神接触是纯粹而客观的——不管与你共事的女性同事有多么迷人。

## 6 开/关车门

如果双方同时到达，倘若方便，男士可以为女士开门，这也并不存在冒犯的风险。但是需要指出，当今时代的女性在商务聚会中并没有理由期望或者要求男性为自己开关车门——事实上当下车时，大多数女性会选择自己开车门，而不是坐在那里等待男性的殷勤。

## 7 吸烟

在商务场合要极力避免吸烟，毕竟二手烟总是容易引发各种各样令人不悦的异样感觉——这是对男女都适用的规则。事实上，在几个小时后到来的休息空闲里，社交礼节开始占据了上风——但先问问同伴是否介意你抽烟仍然是非常重要的环节。

## 8 关于健康的谈话

在商务场合，男性和女性都会预先假定你是健康的；否则你就根本不会在现场抛头露面了。如果你忽然感觉不舒服，绞尽脑汁也要尽可能地设法掩饰。如果旁边有人在发牢骚，切勿把这当成可以同他一起抱怨的邀请。可以说，在商务场合任何谈论自己健康状况的话题都已经跳出了正常的礼仪轨道。

## 9 关于家人或孩子的谈话

提问或回答几个简单的问题，比如，"你的家人好吗？"是完全可以的。其他更加深入的问题是否适合提及要根据具体的社交环境而定。

## 10 批 评

许多男性还是不好意思批评女性或羞于接受女性的批评。不幸的是，这恰恰是一种不战自败的态度误区。如果你在异性同事的推理或策划中发现瑕疵，你应该对他或她明确地指出来——性别的差异不应成为独立判断和客观评价的干扰。

## 11 称 赞

信不信由你，称赞一位男士或女士的外貌，或者比赞许他们处理商务事情的方式更能有效拉近距离。当然，对于外表的称赞需要根据熟悉程度审慎进行，但对处世能力的赞赏则可以直接而坦然地进行。

让我们最后回顾一下前面所讲述的内容。得体的穿着和楚楚动人的外形无疑有力地提升了个人的魅力，但身体语言更以一种"静默的伟大"向他人展现了你的形象。"身体语言是世界性的"，每个人都会这样说，但说是一回事，做起来又是另一回事。

你也许需要在实践中才能真正懂得，身体语言是一门沉默而又博大精深的社会科学。人们在很大程度上致力于了解身体语言，是因为它对我们的行为风格有着极为重要的型塑作用——再配合上一些交流技巧与沟通之道，你便可以在两者的联袂映衬下演出一场关于"成功"的好戏了。

这个清单仅仅是这门学问的初级读本。它绝对不是一本百科全书似的教材；相反，还只是万里长征的第一步，但至少也是帮助你认识他人和反观自己的一部路线导航。

# 身体语言和礼节规则
## 的回顾清单

身体语言是个性和情绪的无声投影。根据发出信号的不同，它可以传达或积极或消极的信息。

身体语言给它的应用者创造了"私人空间"——这种空间以个人为轴心向外环绕延伸45 ～ 90 厘米。任何不必要的侵入都将向对方发射出糟糕的信号，尽管在有的时候你的初衷是为了表达善意。

在商务场合，通常的接触只限于握手。确保这是一个结实紧密的握手，在握手的时候要保持手部干爽。

就座时务必保持端正良好的坐姿，但同时要维持一个比较放松的心态。

眼神接触很关键。它能使别人知道你在悉心聆听，轮到你说话的时候要集中注意力。面谈时没有适当的眼神接触是个坏消息，但也不要瞪着眼睛死盯着桌子对面的人看。

无论你的着装看上去有多么光彩照人，正确的身体语言和得当的礼节一定是你外形展示的重要部分。总的说来，着装仪表、身体语言和恰如其分的礼节"三位一体"，便形成了你独具魅力的个人风格。

如果你是来自华盛顿的国会议员，那么"用双手握手"是完全可以谅解的——然而在商务领域，用双手紧紧握住对方常常有着过界之嫌；对女士来说这也是一种冒犯。

在与重要人物或潜在的客户见面之前，练习警觉而又放松的身体语言是你必不可少的"敲门砖"。

如果你与商务伙伴已经相互熟悉，那就不必要交换名片；但遇到陌生人的时候，要确保自我介绍的到位和对公司隶属关系的清晰阐释。

在长方形会议桌上，桌子最前段是"权威身份"人士的专用座位，坐在这个位置上的人一般是会议的组织者或者最后的拍板人；如果是坐在位序3、5或7的位置上，你将得以更好地赢得权威人士的注意——这些占据"战略要塞"的座位更易于与位于次序前端的人士保持眼神接触。

在同样的场合避免面对面最好的办法便是选择坐在桌子的同侧，这样可以轻而易举地避免眼神的直接接触。

不要把身体语言视作理所当然的流露。其实，即使在我们尚不自知的时候，身体语言也时时刻刻在诉说些什么。那么，努力使这个"声音"变得更加优美动听吧！

很多商务活动都是在餐桌上进行的,

因此宴请与餐会礼仪越来越引起人们的重视。

图为多丽丝老师和张玲老师在讲授西餐礼仪

# 第六篇

# 宴请及餐会礼仪

# Entertain and
# Dining Etiquette

# 为了商务合作成功的宴请

　　"宴请"已经成了商务活动的重要方式，以至于社交意义上的早餐、午餐和晚餐的时间都被有效地利用起来，而这些餐会宴请的真实目的却在于——促成商务合作！

　　我们在餐桌上的表现也必须像在董事会上时一样，向他人传递出一种专业素质。某种意义上，在餐厅时更需要时刻提醒自己保持敏锐机灵，因为在会议室我们大可不必担心可能会因不小心碰洒勺子里的汤带来的尴尬。

　　如今，"宴请"这一商务模式的重要性已经受到越来越普遍的关注。其中一个原因是商务合作时，需要深度了解合作伙伴的"全貌"——毕竟商务用餐时的半社交氛围更能显示一个人维持自己形象的能力。商务宴请另一个优势是：让有限的 8 小时获得了额外延伸，因此商务宴请越来越受欢迎。

　　时至今日，只有一纸文凭已经远远不够了，你同时还需要熟练驾驭餐桌上的社交技巧——这

种考验经常就发生在一个高级酒店的白色亚麻布桌子上。事实上，不论你是经营国内商务还是从事国际贸易，为合作成功而宴请是任何高管都必须掌握的一门艺术。这是你专业形象中不可缺少的一个侧面。当我们将注意力聚焦在商务宴请上时，请记住，同样的规则在其他社交场合一样适用。

*引言：宴请不是不可替代的技能……但是如果忽视这些简单的技能……也将错过合作的良机。*

*——一个财富500强的CEO*

# 邀 请

### 当你发出邀请时，要考虑客人的口味倾向和忌口

你的客人偏爱清淡的饮食还是喜欢精美繁复的菜品？这取决于你对客户或客人了解多少。你总不想误把喜欢清淡安静的客人带到喧闹华丽的餐厅，或者误把喜欢丰盛美食的客人带到一家快餐店吧？

### 提前选择餐厅

选择餐厅是主人的责任，一定要考虑客人办公室的位置和个人口味的偏好。但是你在选择餐厅时，永远不要问客人："你想要去哪里就餐？"

当你发出一个邀请的时候，不要忽略注明邀请的意图。

每一个客人都有着各自的繁忙日程，也都想有备而来——邀请他人来吃午饭而又不告诉对方这个邀请背后的意图是一种有失专业水准的表现。

### 准确说明时间、地点和在餐馆会面的具体位置

如果已确定在哪张餐桌见面，记着明确告诉客人；否则难免造成你在桌子旁边苦苦等待，对方也在大厅望眼欲穿的尴尬局面。如果你想要客人直接到你预定的座位处等候，那么就告诉对方"领班会带您到我预定的餐位"。

### 向餐厅确定你的预定

不要在前期准备不足的情况下突然出现，还期望享受一流的服务。

### 向餐厅及你的客人重新确认

见面的前一天或当天早上，别忘了打电话给餐厅和你的客人来敲定日期和时间。

### 接受邀请

大部分的商务邀请被接受时都夹带着两个未说出口的问题：

他们想要什么？

这样对我有什么好处？

### 当接受口头邀请时，请记住如下的几个要点

重复一下日期、时间、地点，然后马上在日历上记录下来；

在接受书面邀请的时候，请在 48 小时内予以回复表示接受或拒绝；

一旦你接受了邀请，有始有终便是你义不容辞的责任——信守承诺、准时现身。当不可预知的意外情况使你不得不取消邀请时，也请你务必亲自取消，并且越快越好；千万不要把这个责任丢给别人。面对被迫取消邀请的窘境，不要忘记尽早重新安排新的邀约。你的快速回应将创造一个良好的反响。

*引言： 就像商务人士需要大量才思训练一样，他们在每天的商务和社交中与人相处的技术也需要更多的训练。*

*——安德鲁·卡内基*

# 接待队列

## 必要性

在多于 50 位客人的商务或社交活动中安排一个接待队列是非常实用的。这可以使来宾更加容易地认识并问候主人及到场的贵宾，也方便主人欢迎到场的客人。当然，必须要把队列放在一个方便而又不影响人流的地方，同时确保客人能够一眼看到接待队列。

## 迎接队列的组成很重要

你需要精心挑选站在接待队列里的对象，并保证队列尽量短。主人和贵宾应当囊括在其中。

## 介绍员

介绍员不论在小型或大型活动上都有一展身手的需要。介绍员的角色需要由擅长记名字也很熟悉客人名单的人来扮演。介绍员的责任包括用友好的微笑和亲切的握手来问候每一位客人，然后将客人逐一引见给主人。比如，"xx 先生，请允许我向您引见xx 女士，她是环球企业的总裁"。客人通过接待队列的时候不应该拿着饮料或香烟，主人及迎接队列里的其他人也是一样。当你到达接待队列时，要对介绍员及队列里的其他人清晰地说出你的名字。

## "接待处"和"接待队列"

不要将"接待处"和"接待队列"随意混淆：二者的关系是"接待处"引导你通向"接待队列"。站在"接待处"的客人将被带到主人和贵宾所站立其中的"接待队列"。如果是来宾数量很多的大型活动，介绍员可能不完全知道所有客人的名字，这种情况下，可以采用姓名介绍卡。

## 主人的角色

如果一个大型活动的组织者不止一个人，主人们应当轮流站在接待队列里面。在一个严格的商务活动上，主人配偶不应成为接待队列中的一员。但是，如果来自远方的贵宾有配偶陪伴，主人的配偶也应该一起站在接待队列里面。如果你正站在接待队列里面接待客人，你可以在迎来送往的间隙从接待队列后面的桌子上拿起杯子悄悄抿一口水，但是绝不能在你迎接客人的同时这样做。

引言：主人像将军一样：有意外才能显示出他的才能。

——奥拉斯

# 主人的责任 Master's Responsibility

### 了解你就餐的餐厅

如果你经常在午餐或晚餐时款待客人，那么挑选出几家餐馆成为固定的"回头客"将是合算的——这样你便清楚地知道自己可以对其抱有怎样的预期；反之，餐馆也可以了解你有着怎样的特殊需求。

### 选择你的桌子

当你想要谈论商务时，要选择一个给予你最大限度私隐空间的桌子。决定你和你的客人分别坐在怎样的位置，并且避免那些不必要的干扰。比如，避免对着镜子，离厨房距离过近，或者是靠近厕所的桌子。

### 提前付款

你不妨提前到达并把你的信用卡交给领班，并且交代他保留账单，等你用餐结束时再前去签名。这是处理账单的一个成熟老练的方法，现已为世界各地训练有素的高管们广泛使用——这样能够确保账单永远不会出现在饭桌上。

### 主人的身份

跟餐厅领班和服务员明确你是宴请的主人，确保后续过程中没有人误解或质疑你的身份。

### 引领

当你在入口处，迎接你的客人或是你们一起走进时，应当在领班前停留片刻，让领班把你们引领到相应的桌位。客人紧随领班行走，而你要走在客人的后面。

如果你提前到达，在座位上等待你的客人时，一定要告知领班届时带领你的客人到达你的桌位。注意：客人到达之前不要提前点饮料或是打开餐巾，你应当让客人看到一个崭新而又完整摆置的宴席。

### 座位

西餐中最好的座位是视野面向整个餐桌的位置——客人应安排在上座。当你坐在座位上等待你的客人，不必顾及你的性别，而应当在客人到达时起身表示问候，并且在客人坐定前始终保持优雅的站立姿态。客人入座时，要由领班为客人拉出座椅。当你和客人并肩走进时，要首先将客人引到上座。

### 谨慎让客人知道你待客的规格

轻松地建议一个你知道的性价比比较适合的开胃品，当然如果预算允许，你也可以点菜谱中最昂贵的菜品。你的客人不会感觉自己是在被迫听从你的建议，但是客人会从中明白这种规格的餐品是可以被主人接受的。如果你的客人点了开胃餐或是较贵的菜肴，你也应该如此跟进——重要的是要让你的客人对自己的选择感觉轻松舒服。

### 允许你的客人先点菜

但在此之前还是与点菜的服务生讨论一下菜单，然后遵从客人的意见。

### 当你是主人时要始终主掌全局

要让服务员毫不怀疑你就是这次宴请的主人，不要让客人插手关于账单的任何事宜。

引言：在社交场合，如果感到对方单调无味，那自己给对方的感觉一定也一样。

——迪伦·托马斯

# 客人的**责任**

### 做一个心怀感激和善于合作的客人是你的责任

主动问候主人，但是不要占用过多的时间。记住，主人要照顾的可不止你一个客人。

### 不要表现得过于害羞

全力以赴地展现你的活力和热情吧！主人会因为邀请了你这样的客人而倍感愉悦的——换句话说，"为你的晚餐而引吭高歌"吧！

### 介绍你自己

不要总是被动地等待他人注意到你的存在。作为客人自我介绍是你的责任，不要表现得畏缩彷徨。尝试融入人群而不要只是和你认识的人讲话，学会让所有人都感受到你的存在。

### 感谢信

宴请结束后的 24 小时内，趁着还保留着清晰印象之时，写一封诚挚的感谢信吧。尽管现在电子邮件和语音留言已经普遍被接受，但你总不甘愿只被人当做泛泛之辈吧？记住，一张手写的明信片会展现出你国际一流的修养。

学学那些智慧主管的处事之道吧，结束后立即写一封个人的感谢短笺寄给主人。建议你在赴宴前就在信封上写好地址并粘好邮票，这样一回到办公室就能把信件完成——这样，你的感谢信在当天晚上就能安安静静地躺在主人的信箱里啦。

**不论是商务活动还是社交活动，你被邀请往往出于下述一个或多个原因**

■ 为你们彼此的合作或友谊表示感谢；

■ 展现一种友好的姿态以使得彼此更加熟识；

■ 主人感谢你在某些事情上所做的贡献。

记住：你会被邀请绝不是因为主人觉得你仅仅需要用饭菜来充饥。

引言： 每一个行为都应该尊重在场的所有人。

——乔治·华盛顿

引言： 宴会是商务的润滑剂。

——威廉·斯科特

# 就座指导

**图一** 两人的就座指导

主人和客人。客人应该坐在主人的右面，面对大厅——这种方式比面对面坐更加可取，因为这样显得更加友好，也使谈话更容易。

**图二** 4个人的就座指导

主人、联合主办者及位序第一和第二的客人。如果有两个主人、两个客人，最荣誉的贵宾坐在地位最高的主人的右面。

**图三** 8个人的就座指导

主人、联合主办者及位序 1～6 的客人。在使商务客人就座的时候，不用考虑性别；记住客人的地位永远高于你公司的人。

图一　　　　　　　　　　图二　　　　　　　　　　图三

# A seat
## Take Your Seat and Napkin
# 就座和使用餐巾

### 就座

　　走到椅子的右面，然后从你的左面侧身坐下。当用餐结束时，后撤椅子，站起身从椅子的右面出去（跟你坐下时是一面），然后别忘了把椅子推回桌子下——如果你不这样做，被拉出的椅子可能会妨碍服务生和其他客人的走动。

　　注意：在商务用餐时，女性不要期望任何男性的殷勤——应该主动就位而不是等待他人为自己拉开椅子。但是如果有男性主动这样做，她应该优雅地回应一句"谢谢"并且欣然接受这种绅士的礼貌。

### 餐巾的使用法

　　当你坐在桌子旁，不妨停顿片刻来环顾一下其他用餐者的动作，并在他们展开餐巾时再进行同样的动作——记住，你需要展现出平和冷静的气质，尽量不要急于触碰桌子上的物品。

主人会先拿起他或她的餐巾，然后你再拿起你的餐巾。如果没有主人，就等到其他人都就座后再拿起你的餐巾——或者说，至少要等到 3 个以上的人就位后，再拿起你的餐巾。

在高档餐厅用餐时，在准备拿餐巾之前停顿片刻，你要意识到服务员会从桌子上拿起你的餐巾并将其摆放在你的腿上——不要让服务员拿餐巾的手与你的手碰触。

一个简单折叠的大餐巾最好从折叠对面的上角来拿取。折叠口应该在右边对着盘子的位置。用左手拿餐巾的左角，大拇指按在角上；把右手放在餐巾的右下角处，大拇指朝上，拎起来并翻转放在腿上，将折痕对着你的腰，直到餐巾碰到你的腿再开始打开它。折叠好的餐巾也是先放在腿上然后再打开。

当你要暂时离开座位时，先把椅子推离桌子，起身从椅子右面退出。把你的餐巾放在椅子上，然后把椅子推回到桌子下。当你回来的时候，先把椅子从桌子下拉出来，拿起你的餐巾再就座，然后把餐巾放回到你的腿上。在很多高级的餐厅，服务员会重新折叠你的餐巾然后把它放在你餐具的左面或者是椅子把手上。但是由于很多就餐者不愿意服务员触碰他们的餐巾，这种举动引起过很多顾客的抱怨，于是很多餐厅现在都不会再重新折叠餐巾了。

避免在用餐结束时当众重新折叠你的餐巾——餐巾不应该重新折叠，而应该从中部拿起并将其松散地放在盘子的左面。

如果是在家中、休闲或者日常用餐，餐巾布可能会在几餐间重复使用。这种情况下，可以叠起餐巾并放在盘子的左边。

餐巾还可用来当做结束用餐时无声的信号。如果主人拿起餐巾，这就是用餐完毕的暗示。客人也应该跟随主人结束用餐。

在用餐开始前，跟随主人从桌子上拿起餐巾的动作，拿起你的餐巾。在用餐结束的时刻，主人从腿上拿起餐巾放到桌子上后，你也应遵循而做。

# 主人和贵宾的责任

## 举杯祝酒的时间

一般说来，主人一般要敬酒两次。第一次祝酒在用餐开始前，主人起身举杯表示欢迎每一位客人的光临，此时所有客人都应共同干杯。如果客人不多，主人可以一直保持就座而不必起身。

第二次敬酒是为贵宾，一般是在上甜品的时候提议敬酒。主人起身提议诸位向贵宾敬酒——就他的成功、彼此间的商务友谊或是其他特殊原因向贵宾致谢。除了被敬酒的贵宾本人外，主人和在座的每位客人都应该干杯并一饮而尽。

INTERNATIONAL
BUSINESS
ETIQUETTE

## 由主人带头开始用餐

作为客人你需要表现得从容不迫、淡定自信而又轻松自如——要领是首先静候主人开始用餐再动刀叉；记住既不要太过细嚼慢咽，也不要狼吞虎咽，不妨留心观察一下他人的用餐节奏，不要做第一个或者最后一个结束用餐的人。

## 主人的敬酒

当上甜点的时候，主人应站起来提议向贵宾敬酒——敬酒对接受者来说一种特别的荣誉。因此，主人在举杯的时候要使贵宾感到自己的特殊性。

主人说："请各位与我一起为我们的贵宾（名字）干杯吧！"

除了被敬酒的贵宾外，主人和到场的每个客人都应该干杯。

贵宾应始终保持就座，不要拿杯子——事实上，手拿玻璃杯会造成想要一起喝的印象。

引言： 一个有教养的客人不应该吃掉所有的盛宴，更不能包揽所有的谈话。

——乔治·赫佰特

## 贵宾的回敬

当主人敬完贵宾后，贵宾应站起身来回敬主人——回敬是一种非常重要的礼貌。

致谢应当言辞恳切，向主人的慷慨大方和亲切友好表示感谢。然后说一些赞美主人及餐宴的美好话语，最后以"请让我们一起为主人（某某）举杯"的话来结束回敬。除了主人，贵宾和在场的所有客人都要喝回敬酒。主人一直保持就座，不必拿起自己的酒杯。

### 永远不要为自己敬酒

三个 B 开头的单词是一个成功敬酒者的秘诀：

开始（Begin）

简短（Be Brief）

保持就座（Be Seated）

遵循敬酒的三个 B 原则吧，让你成功晋升餐会宴请中的"敬酒达人"！

# 餐桌姿势及礼貌地离席

## 坐姿规则

Posture at the Table

坐直但不要肢体僵硬，双脚平放在地上并保持放松。

吃饭的时候胳膊肘要尽量靠近自己。靠胳膊肘的前后移动来将食物送到嘴里并熟练地使用各种餐具。

永远不要将胳膊肘或前臂放在桌子上。

依照美国的习惯，人们把一只手放在大腿上，另一只手的手腕放在桌子边缘，手自然伸展到桌面上。

间歇时，美国的方式是：双手放在大腿上。

间歇时，欧洲的方式是：手腕以上的部位放在桌子上。

*引言：在宴席上最让人开胃的就是主人的礼节。*

*——拿破仑·希尔*

## 礼貌地离席
# Excusing Yourself

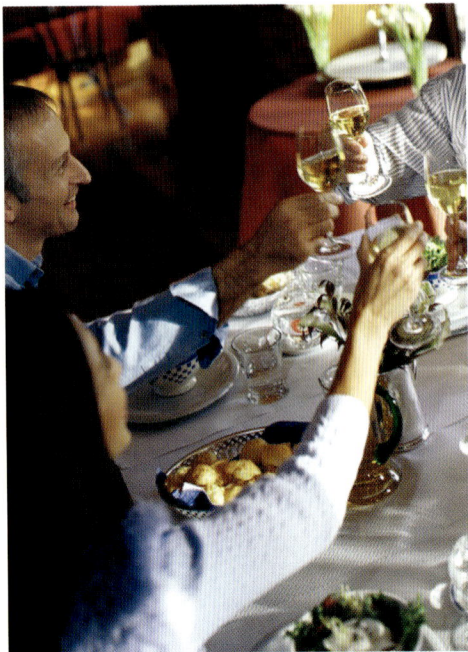

如果你要离席去洗手间，你只需要简单地轻声说上一句"不好意思，我离开一下"——而不必具体说明你是去哪里。把椅子向桌外的方向推开，从椅子的右侧起身离开，然后把放在腿上的餐巾放在椅子上，最后把椅子推回桌子下面。

如果你忍不住突然咳嗽或打喷嚏，你应该迅速把头转向你的肩侧，用手帕或是纸巾捂住你的嘴和鼻子。如果你没有时间拿到你的手帕或纸巾，不妨使用你的餐巾作为"挡箭牌"。千万不要忘记轻声说上一句"不好意思"。

如果要很用力地擤鼻涕，请离开桌席。

引言: *美食是生命中第一的享乐。*

——林语堂

## 用餐风格

# 美式与欧式
# American and European

1840 年之前，欧洲人和美国人有着相同的用餐习惯——右手拿叉。此后，英格兰上流社会的绅士淑女们不再愿意总在餐桌上来回地左右交换叉子，开始采用"左手拿叉，右手拿刀"这一更为简约的方式。

1853 年，一本法国的礼仪书籍阐述说，想要像引领风尚的人那样吃饭，就不应该在切了肉之后把叉子换到右手，而是用左手拿叉直接将肉放到嘴里。此后不久，整个欧洲几乎所有阶层的人士都开始这样吃饭。这里我们将教给你美式和欧式的进食方式来与我们日益全球化的社会共同进退。

事实上，欧式风格是表达餐桌礼仪时最有效和应用广泛的方式，因为它显得更为安静，手部的动作也相对简约——总之，好处不胜枚举。而美国是目前唯一仍然沿用曲折的"Z 形方式"进餐的国家。

**引言：** *在正餐的宴会上，吃的要精细而不能过于周全，谈话要周全而不能太显精明。*

——萨默塞·特莫姆

## 美式的进餐习惯

# American Table Manners

美式和欧式的切食方式是一样的：手拿刀子，食指放置在刀柄上，搭接到刀刃的位置不要超过2.5厘米，这是相当重要的常识，也正是你在切肉的时候需要应用到的杠杆原理。用叉子戳下去以固定肉在盘子中的位置，记住每次只切一块肉。

在切完肉之后，把刀放在盘子上，刀刃面向盘子的中间。在美式的饮食习惯中，叉子要尖齿朝上转换到右手，再用它向嘴里递送食物。拿叉子的方式和拿铅笔一样：将叉子固定在你的食指和中指之间，与写字唯一不同的是大拇指保持向上。左撇子的人可以反向。

无声的服务密码将会告知你美式餐饮方式中一些约定俗成的习惯。当你说话、喝饮料，或擦嘴的时候都会用到这些习惯。当你停歇时，把手放在大腿上。

在美式餐饮方式中，无声的服务密码传达了"我吃完了"的信息。首先把盘子想象成一个钟表，当只用叉子进食的时候，把它的尖齿朝上放在10：20的位置便如同对别人说，"我吃完了"。

当你吃完了一道菜，把刀和叉子放在盘子上10：20的位置：刀尖和叉子尖指着10的方向，后柄则朝向4的位置。

在美式用餐礼仪中，叉子尖是习惯朝上的。

# European Table Manners

## 欧式的进餐习惯

每次只切一片肉，为保证肉在叉子尖上稳固，把刀刃放在肉下面，然后轻轻地扭一下手。左撇子可以反方向进行。

为保证肉在叉子尖上稳固，把刀刃放在肉下面，然后轻轻地扭一下手，用刀来推一下，把刀留在你的手里。左撇子的人可以反方向进行。一小部分的土豆、米饭或是蔬菜可以和肉一起用叉子叉起来。

轻轻地转动你的手腕，提高你的前臂，把叉子尖齿朝下，将食物放到你的嘴里。

无声的服务密码告知了你欧式餐饮方式中一些潜移默化的习惯。当你说话、喝饮料或擦嘴的时候都会用到这种方式：刀和叉交叠着放在盘子上，叉子在刀上面，叉子的尖齿朝下，好像用刀叉绘制出一个倒立的 V 形。这个摆放方式是你用餐完毕时的无声信号。当你停歇时，可以把手腕以上的部位放在桌子上。

在欧式用餐方式中，无声的服务密码这样要求"我吃完了"的位置。首先把盘子想象成一个钟表。当你吃完了一道菜，把刀和叉子放在盘子上呈 10：20 的位置。刀尖和叉子的尖朝 10 的方向，柄朝 4 的方向。

注意：在欧式进餐风格中，叉子的齿尖是习惯朝下的。

英格兰人将刀和叉摆在 6 点的位置来表示"我吃完了"，叉子的尖齿和刀刃朝 12 点的位置，叉子和刀的柄朝 6 点的位置。

引言：享受牡蛎的美味但不要用错餐具。

——奥斯卡·维尔德

# 餐具指南
## Tableware Guide

# 刀和叉
## Knife and Fork

用你的大拇指固定你的刀叉，把剩下的手指卷曲握住刀柄和叉把。将手翻转过来，食指沿刀叉的把柄始终不动地安居其上。

餐具一旦拿起，就不应该再将放回桌子，而应该放置于盘子上。

### 汤勺

握汤匙的方式和握铅笔是一样的：将汤勺固定在你的食指和中指之间，就像写字时一样——唯一不同的是大拇指应在上，而不是像写字时向下。当然，左撇子的人可以反向。注意勺子的运动轨迹应与你反向，即以自身为起点冲着桌子的中间来舀汤。喝汤时要从勺子的边上小口抿，喝到快见底时可以把汤碗向你的反方向倾斜，来使汤勺盛满最后一勺汤。喝完后，把你的汤勺放置在 10：20 的位置，表明"我吃完了"。

汤一般会被盛放在带两个把手的奶油汤碗或是肉汤碗里。冷汤和热汤都是用肉羹匙来喝的：肉羹匙比汤匙更小巧圆润。在喝汤的空隙或是喝完了之后应当把汤勺放在碟子上，切忌把汤匙倾斜着留在碗里，这可是一种非常没有礼貌的表现呢。

# Plate and Salad
## 装面包和黄油的盘子以及沙拉

　　黄油刀放在面包盘子的上方或是右侧，黄油放在盘子上。用你的手指来掰开面包，每次只掰开一小口然后抹上黄油吃掉。此外，抹黄油的动作要在盘子上完成，千万不要悬空进行。

　　沙拉用沙拉刀和叉子来吃。或者，如果你觉得只用沙拉的叉子就可以，那么不妨把刀子留在桌子上，直到吃完为止。进食完毕后把刀和叉子都放在盘子上摆成10：20的位置表示"我吃完了"。

### 用勺子和叉子吃甜点

　　吃甜点的时候，左手拿叉，尖齿朝下，右手拿勺子。吃的时候要使用勺子，叉子可以用来作为助推器。事实上，叉子只用来吃派或是蛋糕时使用；勺子用来吃冰激凌或是布丁。如果你只用勺子或是叉子，就把不需要用的留在桌子上。当你吃完的时候把两样都要放在盘子上摆成10：20的位置表示"我吃完了"。勺子要冲上，叉子的尖齿冲下。

### 洗指碗：左面的洗指碗和中间的洗指碗

　　在盘子里连同勺子、叉子及小型桌巾同时呈放的洗指碗，是最正式的洗指服务。当甜点要单独上的时候，服务员会这样呈递洗指碗：把叉子移向左边、勺子移向右边，然后把洗指碗和小型桌巾拿下来放在你盘子的左上方。

### 洗指碗在中部

开始洗指碗的服务：两手伸到左边，拿起洗指碗和小型桌巾并把它们放在你的正前方。

### 洗指碗的使用方式

先把一只手的指尖伸到洗指碗的水里，然后再用餐巾擦干，接着把另一只手的指尖放在水里，然后用餐巾擦干。当擦拭指尖的时候，要把餐巾低低地拿在大腿上面。

离开桌子前，把餐巾松松地放在盘子的左边。

### 非强制的洗指碗服务

当已经用完甜点，盘子和餐具都被撤走之后，洗指碗可能会被端上来。它会被放在一个没有餐具的盘子上，然后放到你的甜点盘子的左边，如果甜点盘子已被撤掉，它就会被直接放在你的正前方。

### 热毛巾

在非正式的宴会上，热的手巾是相当实用的：毛巾布或亚麻的洗手巾被浸湿、拧干、卷起并在微波炉加热几秒后，将会被放在盘子或碗里供用餐者使用。

引言：良好的礼貌就像社会的公路图。它可以帮我们穿梭于不同的情形。我们不用出尔反尔，因为我们没有走错路；不用抓狂，我们就可以轻松地到达目的地。好的礼貌是免费的，同样也是无价的。

——哈维·麦凯

# 餐桌摆放的**示意图**

## 1 四道餐的餐桌设置

美式进餐方式中沙拉叉子的放置意味着主餐后再食用沙拉，欧式进餐方式中沙拉叉子的放置意味着先吃沙拉再吃主餐。你可能经常会遇到美式或欧式这两种四道餐的餐具摆设。

## 美式四道餐图示

### 第一道餐：汤

汤勺放在最右面，挨着主餐的刀子。

### 第二道餐：沙拉

叉子放在主餐的叉子的左边，进食时请使用沙拉的叉子。

### 第三道餐：主餐

用吃主餐的刀和叉子。

### 第四道餐：甜点

用放在盘子上的吃甜点的叉子和勺子。

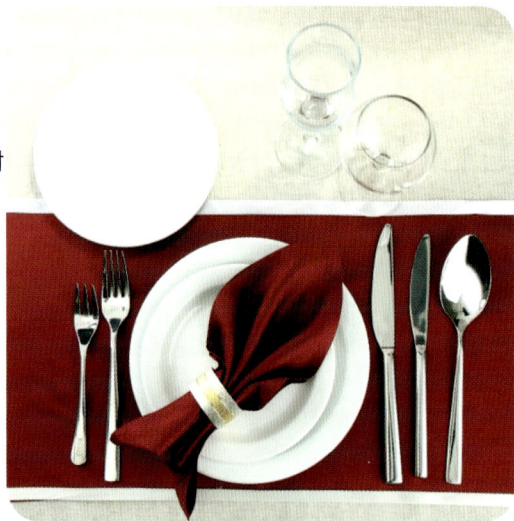

## 欧式四道餐图示

### 第一道餐：汤

汤勺放在最右面，挨着主餐的刀子。

### 第二道餐：主餐

用主餐的刀和叉子。

### 第三道餐：沙拉

吃沙拉的叉子放在主餐的叉子的右面，沙拉的刀放在吃主餐的刀的左面。使用吃沙拉的刀和叉子。

### 第四道餐：甜点

用放在盘子上的吃甜点的叉子和勺子。

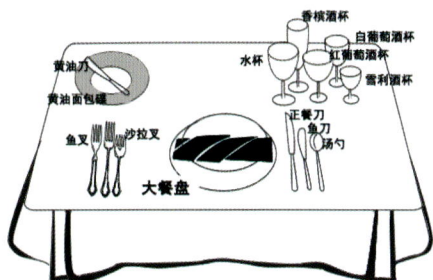

## 餐具摆设中的其他的东西

装面包的盘子放在主要菜盘子的左上方。

黄油刀在面包盘子的上面横放或是放在面包盘子的右面。

放在正中间的盘子叫做"charger"，"place plate"或是"service plate"。

餐巾放在盘子的左面。

玻璃器皿放在盘子的右面。

吃甜点的叉子和勺子放在盘子上。

香槟酒杯 白葡萄酒杯 红葡萄酒杯 雪利酒杯 水杯 黄油刀 黄油面包碟 鱼叉 沙拉叉 大餐盘 正餐刀 鱼刀 汤勺

# 2 六道餐的餐具摆设

六道餐的餐具摆设是很正式的，你可能会经常遇到这种摆设，也可能永远不会遇到。我想要同时给你们展示非正式的和正式的餐具摆设，因为把这个信息添加到你们的知识库里至关重要——毕竟正像我们常说的，知识就是力量。餐具摆设是就餐信息的最佳说明图，把餐具摆设当做导航图来看，将会上多少道餐也就一目了然了。

## 餐具摆设

### 第一道餐：开胃餐

虾或是小片的素肝酱等都是开胃餐，应用吃海鲜的叉子来吃，海鲜的叉子放在盛汤勺的碗中。【仅供参考：在正式的服务中，盘子的右面会有3把刀子，左面会有3把叉子。第四把叉子（海鲜叉子）是个例外，它被放在右面的汤勺碗上。】

### 第二道餐：汤

汤勺放在最右面，挨着吃鱼的刀子。

### 第三道餐：鱼

用专门吃鱼的刀和叉子。

### 第四道餐：主餐（肉）

用吃主餐的刀和叉子。

### 第五道餐： 沙拉

用吃沙拉的刀和叉子。沙拉是在吃完主餐之后上来的——在很多国家，沙拉都是吃完主餐之后才上来。

### 第六道餐： 甜点

用放在盘子上的吃甜点的叉子和勺子。

**注意：** 如果咖啡和巧克力在甜点后上，这会被认为是另一道餐。在正式宴会上，咖啡通常是在甜点之后才上，而不是与其同时上。

引言：举止是映照每个人自身形象的镜子。

——歌德

### 玻璃器皿

■ 喝汤的时候伴饮雪莉酒／葡萄酒

■ 吃鱼的时候喝白葡萄酒

■ 吃主餐的时候喝红酒

■ 吃甜点和巧克力的时候喝香槟

■ 在用餐期间，玻璃杯一直留在桌子上

**注意：** 吃沙拉的时候是不提供葡萄酒的，因为在沙拉调味里的醋会与葡萄酒里的酸性相抵触。

# 餐具摆设中的**其他注意事项**
other things

盐和胡椒的混合器放在面包盘子的左上方。液体放在右面，固体放在左面。

记住这一点很重要，如此你就不会霸占坐在你右面的人的面包和坐在你左面的人的饮料了，从而避免造成不必要的尴尬。

# 就餐时的注意清单

**12 项该做的**

1. 尝试下每一道菜，除非你对某些食物过敏。

2. 避免塞满食物的时候张嘴说话。要小口小口地细嚼慢咽，这样可以让你更加易于回答他人的问题或者加入大家的谈话。

3. 等你嘴里的食物都吞咽完再喝饮料。

4. 如果你吃了一口很烫的食物，快速地抿一口水。

5. 记住，固体食物总是放在左边，液体（饮料等）总是放在右边。

6. 用餐完毕的时候把你的刀和叉子摆成 10：20 的位置代表 "我吃完了"。餐具的头放在 10 点的位置，把柄放在 4 点的位置。

7. 喝饮料的时候，看着杯中，而不是杯子的上方。

8. 在盘子里往面包上抹黄油，而不是悬空进行。

9. 时刻牢记你在餐桌前应有的仪态。坐直，把你的胳膊（包括肘）放在桌下。

10. 如果餐具不慎掉了，就把它留在地上。你只需要轻轻示意服务员拿一个新的过来。

11. 如果在你的食物中发现了石子、昆虫或头发，要立即向服务员指出——但记住要用平和礼貌的方式，这样你的食物将会立刻被更换。

12. 用大拇指和食指把嘴里的骨头或者软骨拿出来（不要直接吐到盘子上），然后放在盘子的边缘。

### 15 项不该做的

1. 上菜的时候不要在自己的盘子里过量盛取食物。

2. 吃的时候不要总是或只是使用叉子。

3. 不要用餐巾擦脸。

4. 切肉的时候不要展开或架起你的胳膊肘。吃的时候保持胳膊肘靠近你的身体两侧。

5. 不要前后来回地切肉，而是冲着自己的方向一刀一刀地切。

6. 不要在咀嚼的时候张开嘴。

7. 吃饭时不要发出过大的咀嚼声。

8. 在餐桌上不要随意摸你的脸和头。

9. 喝东西的时候不要把玻璃杯或者杯子倾斜太多，只要略微倾斜一点即可。

10. 不要把手伸到桌子的另一边，或者越过别人去够东西。如果物品距离你相对遥远，不妨请离你最近的人帮忙把它递给你。

11. 在桌子上千万不要用牙签或者手指剔牙。如果有异物塞到你的牙缝里，你应起身向其他人致歉离开，等到洗手间里再私下处理为好。

12. 用餐完毕不要把盘子从你的面前向外推开。

13. 不要在手握刀叉或者勺子的时候做手势。如果你不用餐具，就把它们放下。

14. 吃饭的时候不要高谈阔论个人的饮食好恶。

15. 不要一不小心拿错你邻座的面包或者沙拉。右手用餐的人越过餐盘取放在左面的沙拉，面包和黄油盘子在沙拉盘子的稍上方［记住，固体（食物等）在左边］。

# 吃**各种不同**的食物

different kinds **of food**

### 整个洋蓟

洋蓟（整个的）是用手指来拿着吃的。每片叶子都被单独剥离，软的部分蘸酱汁，然后用下面的牙齿刮擦下花瓣上的可食部分，并把吃剩的叶子扔在盘子的边上。蓟部用刀和叉子刮掉，然后把中心切成块用叉子吃。

### 培根

培根通常用刀和叉子进食，只有很脆的培根可以用手指捏取来吃。

### 面包

从你的面包上每次掰下来一小口，然后抹上黄油吃。不要把面包直接一分为二。另外需要强调，抹黄油的动作要在你的盘子里完成，切忌悬空进行。

*引言：吃洋蓟就像去深度了解一个人一样。*

*——威利·黑斯庭*

### 芦笋

热或冷的芦笋要切成段，然后用叉子吃。在欧洲，冷吃的时候习惯用手拿着吃。单根的竹笋也可以用钳子吃。

### 黄油

当黄油被传过来到你面前时，将黄油碾切下一小部分放在盛放黄油的盘子上。如果是小黄油块，可以用专用的叉子把它拿起来然后放在自己的盘子上。如果没有专用的叉子，用你的黄油碾来代替。

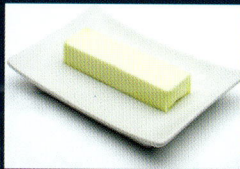

### 带骨肉

小块的带骨肉，如小鹌鹑、雏鸟、青蛙腿，可以用手拿着吃。

### 蛋糕

如果蛋糕很小而且不黏，可以用你的手指直接拿起来吃，否则请使用叉子。如果餐后甜点是冰激凌，就要用叉子和勺子。

### 芹菜、橄榄、腌菜和萝卜

可以直接用手指从所盛的盘子里拿过来，放在你的主盘或者面包和黄油盘子的边上。芹菜和萝卜可以用手蘸点盐来吃；有核的大橄榄要分几口吃，然后把核放在盘子边上——里面塞有内馅的小橄榄可以整个吃下去。

### 鱼子酱

用刀子蘸取一些，然后把它抹在烤面包（吐司）上用手拿着吃。

### 鸡肉、鸭肉和火鸡肉

要使用刀子和叉子吃。炸鸡只有在野餐或者休闲的家庭聚会时才可以用手抓取着吃。

### 蛤（蒸的）

用一只手拿着壳，然用另一只手提着颈状物把它取出来。用手把不能吃的颈部的膜滑掉。然后整个蛤可以蘸黄油或肉汤一口吃掉。

### 蛤（炸的）

要用叉子来吃。

### 煮熟的玉米

玉米只有在休闲餐的时候才能现身。可以在玉米上抹几排黄油和调味料，但不要整个玉米一下子都抹上。吃的时候要用双手的手指牢牢地握住穗来吃。

### 炸面圈

记住不要在公众场合泡着它吃。如果场面休闲随意或是在家，并且你觉得浸泡使炸面圈或者烤面包更加美味，这样做当然也就无伤大雅了。

### 鸡蛋

煮熟的鸡蛋是用叉子吃的；半熟的鸡蛋会被放置在专门的鸡蛋杯里，你要用刀子把鸡蛋的顶部打开并剥除，然后用勺子直接从壳里舀着吃——半熟的鸡蛋也可以用勺子舀出来，放在一小盘菜里面用勺子吃。

### 鱼

现在餐桌上出现一整条鱼的情况已然很罕见了。但是在很多国家，有头有尾的整条小鱼是可以一整条上桌的。左手拿叉右手拿刀，然后照下面的方式来剔鱼骨：首先，用叉子固定鱼的位置，用刀子切掉头和尾巴，把它们放在盘子的一边；其次，把鱼肚子的边缘切下来，剔除那些很细密的小刺，再同样去除背部的刺；再次，把前部的鱼片提起来——这样脊柱就会自然暴露出来，而提起来的鱼片也就没有刺了；最后，在这片吃完之后，把刀子塞入另一片鱼和脊柱之间，将它们分开，提起的

脊柱应放在头和尾巴旁边。

### 鱼片

如果鱼肉柔软无骨，只用吃鱼的叉子是完全正确的。当右手拿叉子的时候，尖齿应保持朝上。如果你只用叉子吃鱼，不要把刀放在你的盘子上，而应放在桌子上，直到你吃完为止。当只用叉子的时候，要用右手拿着，像握铅笔的姿势一样，用食指和中指稳固住，和写字不同的是，大拇指冲上而不是朝下。你吃完之后，不要忘记把刀和叉子在盘子上摆成 10：20 的位置。如果不小心吃到小刺，用你的拇指和食指把它取出来放在盘子边缘。

### 柠檬片

用右手拿着柠檬片在鱼的上方挤出汁液，同时左手配合地挡着，以防柠檬汁溅到你自己或附近人的身上。

### 冰激凌

用勺子来吃，但如果上的是"热烤阿拉斯加"，则要协同使用叉子和勺子。

### 龙虾

这种食物吃起来很困难：龙虾的大钳子是用胡桃钳来夹碎的，主要部分的肉要用海鲜叉子蘸黄油或酱汁吃，肉块大的话要先切下一块再用叉子分小块吃。龙虾的小钳子要扯下来吸吮着吃，就像你喝饮料

时吸吸管一样。塞着内馅的龙虾可以用刀和叉子直接吃。硬壳的螃蟹的吃法也是同样的。

### 牡蛎、蚌类和蛤（新鲜的）

只有半边壳的牡蛎、蚌类和生蛤可以用牡蛎叉子来吃：一手拿着外壳，用叉子把整个的牡蛎、蚌类或生蛤移出来，蘸上酱汁一口吃掉。在牙签上的蚌类可以从牙签上直接摘取下来食用。当带酱汁一起上时，用牡蛎的叉子把它们从壳里取出来，或是用手拿蚌类，从壳里吸吮蚌类和酱汁。

### 意大利面（意大利细面条）

用叉子分开几根面条，把尖齿反对着盘子然后旋转来使面条卷到叉子上，不要随意搅拌也不要用勺子代替。小的意大利面，如意大利饺子、意大利通心面、斜切的通心粉也是用叉子吃的。

### 酱

可以用刀抹在烤面包或者脆饼干上，用手拿着直接吃。

### 比萨饼

用刀叉或者比萨饼切割机切成楔型，用手拿宽的那一面直接送到嘴里。你也可以把比萨饼由中间向里合拢起来，以防饼上的配料不小心掉下来。比萨饼也可以用刀和叉切成小块，然后用叉子来逐块取着吃。

### 土豆（烤的）

直接用叉子吃，土豆皮则用刀叉吃。可以用叉子从黄油盘上取下小块黄油加在土豆上。记住，不要将土豆在盘子里捣碎。炸薯条和细细的土豆条可以用手拿着直接吃。炸薯片则分成两半再用叉子吃。

调味品、果冻、保藏剂、酸果蔓酱或者辣根应该被放在盘子上。

### 沙拉

用叉子吃的。大的部分应该用刀切成小块。沙拉如果是当做单独的一道菜肴端上桌，则应该用刀和叉子吃。

### 盐

应该在事先已经品尝过食物之后再加。如果盐罐没有盖，也没有勺子插在其中，那么要用干净的刀子或者用你的大拇指和食指去取盐。

### 三明治

茶点三明治和夹小鱼的烤面包应该用手拿着吃。俱乐部的三明治可以用刀和叉子吃，或者切成 4 小份然后分别用手拿着吃。单面的三明治应该用刀叉吃。

### 酱汁

可以直接浇在肉上或者肉的旁边，一次一叉量的食物可以蘸酱汁吃。

### 冷盘虾

用吃海鲜的叉子吃，大的虾需分两次进食。如果虾还带着尾巴，可以用手拿着虾尾，直接蘸酱吃掉，然后把尾巴扔掉。

### 蜗牛

如果有专门的夹子，要用夹子夹住壳，然后用吃牡蛎的叉子将蜗牛提出来；如果没有夹子，就用手拿住蜗牛壳。蜗牛应该是整只吃的。

### 软壳的螃蟹

用刀和叉子切开， 然后用叉子吃。

### 墨西哥玉米面豆卷（硬壳的）

当你在饼馅中加配料的时候，应该用手拿着或者放在盘子上进行，然后用双手拿起来吃。吃那种可能会掉出馅的则要用叉子。

### 玉米粉圆饼（软壳的）

添加饼馅的时候务必平放在盘子上，然后将其卷起并用双手拿着吃。吃可能会掉出内陷的饼馅要用叉子。

### 水

在要喝水前务必先清理干净你的嘴——嘴里有食物的时候不要喝水。切忌用水漱口或发出大的吞咽声。如果你吃了一口很烫的食物，可以抿一小口水来缓解。不要强行喝下一大杯水。如果是平底大玻璃杯就拿着杯身靠下的部分，小的高脚杯拿着杯颈——如果是大的高脚杯，要端着底部。

### 杏、樱桃、金橘和李子（生的）

一般用手拿一个或两个吃，把籽放在盘子边上。

### 鳄梨

当还有壳的时候用勺子吃，没有的话可以用叉子吃。

### 香蕉

在桌子上吃香蕉的时候，需要在剥掉皮后用刀和叉子切成小块吃。如果不在桌子上则可以边剥边吃。

### 浆果

用勺子吃，大的草莓如果有根，可以手拿着根部蘸糖，并一两口吃掉，然后把根放在盘子的边上。

### 鸡尾酒会上的水果

如果水果插在牙签上，你可以直接吃，然后把牙签放在盘子上或者餐巾上。

### 分开的柚子

一般情况下果肉和外皮是分离的，可以用勺子来吃。但是除非是在自己家里，否则需要小心翼翼，不要把果汁挤出来。

### 葡萄

要从一大串上用剪刀剪下一小部分，然后一次只吃一个。把籽及不能吃的皮先吐在手上，然后再放到盘子边上。

### 柠檬

一瓣柠檬通常是用来作装饰的，你可以拿起来用手挤出它的果汁，也可以用叉子叉起它然后用另一只手挤。

### 芒果

首先切成两半，取出中间的内核后再分成 4 份。用叉子叉起其中的 1/4 块，反过来揭掉外皮，再切成小块用叉子吃。

### 橘子

用尖利的刀子削皮，然后一块一块掰开吃。如果是已经切好剥掉皮放在盘子上的橘子，就要用叉子吃。

### 桃

切成一半然后分成 4 份，去掉皮然后用叉子吃。

### 菠萝

当菠萝已然被分成了四分之一或者一片片的时候用叉子吃，如果切好了就用勺子吃。

### 带核的水果

用前三个手指把核从嘴里拿出来，然后放在盘子边上。

### 西瓜

用叉子吃，一整块的西瓜要用勺子吃。把西瓜籽先吐在手上，然后放在盘子边上。

成功人士的着装形象是不可忽视的个人品牌标识，商务衣橱中服装的品质与数量通常与其职位成正比

成功优雅高端商务装首席设计师张玲老师在为高端人士指导商务衣橱规划和商务配饰的搭配技巧

# 第七篇

# 商务衣橱
## 商务着装礼仪必备

　　回顾一下开篇前言部分的内容。在与他人相见的最初 30 秒钟内，便会形成一个先入为主的第一印象。其中，55% 是基于着装形象，38% 源自行为举止，另外 7% 取决于言谈话语。前面我们已经用了相当大的篇幅讲解了 38% 的礼仪举止，包括身体语言、日常商务礼仪和商务社交礼仪在内，这些礼仪细节都是你成功之路上接近重要人物不可或缺的"敲门砖"，可以帮助你在任何情况下都能成功结识那些至关重要的人物并与之融洽互动。下面，让我们一起再来看看 55% 的内容吧！

　　个人风格的塑造始于得体的着装——这是彰显自信气度和时尚品位的第一步。相信接下来你很快就会感受到这些简单的基本原则有多么令你欢欣鼓舞并且大有裨益。"塑造最好的自己"，这其实正是一段自我发现的探索之旅，而你真正的目的在于：最大限度地挖掘出自己的独特个性和宝贵品质，接着一步一步将你领向自信、满足和自豪。

# 商务着装规则

## Dress Code
## Business

着装形象是企业和个人展现品牌特点的首要视觉部分。要想让自己的着装形象为自己的事业成功加油助力，你需要有一个切实可行的衣橱规划，一个为你自己量身定制的根据每日工作、每类活动、每种身份有不同要求的完整着装方案。

不论从与客户打交道还是从自我展示的角度看，都需要知道其实每家公司都有自己的着装"潜规则"，正因为是潜规则，可能连员工自己都不清楚这些要求，更不用说是他们的客户或生意伙伴了，所以也经常引发一些不一致的内外信息冲突。大部分公司都有一套严谨的产品标准，也都拥有各自经过专业设计的办公用具、商务名片等视觉材料，但是遗憾的是，有些公司的品牌特征从领导者和员工的着装上体现不到，其中重要的原因之一是他们对着装礼仪应用原则不够了解，更不清楚如何才能呈现出自身的专业素质和职业美感。好，接下来就让我们来帮助你承担起这一重任吧！首先梳理清楚状况，然后尝试为自己打造出最专业权威的形象。应用下面的指导方针，你将会事半功倍。

记住，每个公司都有自己的着装"潜规则"（当然有的规则很好，有的规则可能有待提高）。在你前往某一公司拜访的前一天，要预先询问一下这家公司具有怎样特殊的着装要求，并按照这种准则打扮自己——事实上，这是一种顺应环境的良策，也是你得以获得良好印象的一条捷径。如果一时了解不到，那么还是选择尽量保险的策略吧：从专业的角度看，正式些的着装总要好于随意的着装。

我们会介绍三种基本的着装规划：正式商务装的基本标准、商务休闲装不可忽视的底线，以及正式社交场合展现自我的最佳装备——当然还有一个为求职应聘者推荐的起步计划。

这些衣橱规划是以数百个不同商务环境里的主管和职业人士的调查为基础，其中有刚刚起步的企业，也有大型名企。参与调查的主管要列出他们衣柜的基本组成，包括有多少件西装、连衣裙、上衣、女士鞋、套装、领带、男士衬衣和配饰，以及其他的他们认为在工作时和业余时间都需要的东西。我们整理了数据并提取平均值，继而根据我们的需要进行适当调整，一个显而易见的基本衣柜规划便由此呈现了。

# 男士商务衣橱规划

## A 经典商务着装
**衣橱规划**

多年以前男性着装曾是一件非常容易的事情——一套深蓝西装便可走遍天下。出席任何商务会议都是同一套深蓝色"万金油"。然而在着装语言逐渐丰富的今天，男性决定穿什么去开会开始变成了一项颇具挑战性的任务，那么"休闲"和"商务"着装的内涵究竟是什么？

下面是一张清单，提供给你从最正式的工作日到最休闲的星期五可以穿着的衣服，其中也包括在办公桌前赶工作时穿的服装。这些选择基于对工业界或大公司工作人员的着装调研，适合需要常规穿着西服和领带的机构或企业。

## 西服套装

灰色（单色或者有细条纹）

深蓝色（单色或是有细条纹）

有图案的西装（格呢或人字呢）

　　上述三种西装是正式商务环境中，日常工作所必备的衣服。如果你工作的地方还没有太多地引入商务休闲元素的话，你可以从前两个中选择一个带条纹的，在第三个中加入一些与众不同的个性元素，比如，加一个颜色——褐色或者浅点的灰色；当然也可以加入组合，比如，斜纹软呢或者相近颜色的组合。

## 单件西装

单色休闲西装（单色如海军蓝或驼色）

图案休闲西装（斜纹软呢、人字呢或格子呢）

## 西裤：4～5条

## 商务衬衫

5件白衬衫

5件蓝衬衫

3件条纹衬衫

4种颜色：通常是米色、粉色、黄色或淡灰色

### 休闲衬衫

5 件长袖休闲衬衫

5 件短袖休闲衬衫

6 件针织休闲衬衫

### 毛衣

3 件单色（圆领、V 领、套头领）

2 件有图案的

### 领带

3 个单色或相近色的

4 个条纹的

3 个绸缎的

2 个带点的或者带小图案的

3 个（苏格兰）佩斯利涡纹旋花纹的和／或俱乐部领结

### 鞋

2 双黑色或棕色系带皮鞋

2 双容易穿的（直接提上的）鞋（光头鞋、帆船鞋、鹿皮鞋等）

### 腰带

1 ～ 2 条高质量简单的搭扣黑色或棕色皮质腰带

1 ～ 2 个机织的或其他休闲腰带

**袜子：** 1 打单色或深色袜子

## 大衣

1 件风衣或者防水短上衣（褐色的）

1 件大衣或轻便的大衣

1 件皮衣或者麂皮绒夹克或休闲夹克

1 件风雪大衣

## 配饰

1 条围巾（羊毛的、羊绒的或丝的）

1 个皮质公文包

1 把雨伞

1 块手表——腕带是上乘皮质或金属的（不要数码的）

1 副皮手套（高质量的）

# B 商务休闲衣橱

如果你工作在可以穿着商务休闲装的环境中，看上去显得专业而值得信赖是一种心照不宣的规则——事实上，总会有一些让西装派上用场的时刻。同样，在当今愈发休闲的工作氛围里，大多数时候一件宽松的外衣或者系了领带的短夹克（也许不用领带，这要以公司的要求为准），都能为你打造一个良好的形象。其实，越是休闲越需要具备在不露声色中展现品位的能力。

## 西服套装

1 套西装（深蓝或者灰色，单色的，条纹或斑纹）

## 单件西服

2 件单色休闲西装（如深蓝或驼色）

2 件带条纹或格纹的单件西装

## 西裤

7 ～ 8 条休闲西裤（单色的）。尽管卡其布和斜纹布棉质裤子是适合宽松的工作穿着的，但穿西裤看上去显得更有专业度和充满活力。

从每样 3 ～ 4 条开始，在没有会议的闲暇日子穿。

## 商务衬衫

2 件白色的

2 件蓝色的

6 件条纹的或者彩色的（不用系领带会更休闲）

# Business Casual

## 领带

2 条单色的或相近色的

3 条带条纹的或俱乐部图案的

3 条绸缎的，苏格兰佩斯利螺旋花纹或有图案的

## 休闲衬衫

5 件长袖的

5 件短袖的

6 件针织的

## 毛衣

3 件单色的（圆领、V 领、套领）

2 件有图案的

2 件羊毛或丝绸的

## 腰带

2 条西装的正式皮带

3 条 "运动型的" 皮带：针织的、合成皮的、休闲的

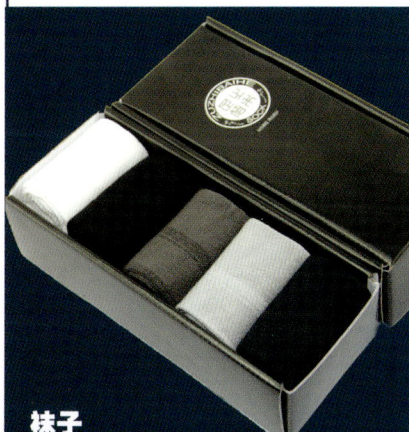

## 袜子

12 双单色的和有图案的

## 鞋

一双适合穿西装的系带皮鞋

四双休闲便鞋

## 外衣

雨衣或是风衣（棕色的）

带帽子的风雪大衣

休闲外衣

### 额外的为休闲（不是工作场合）活动准备的

尽管一些公司允许穿着牛仔裤，但选择在工作场合穿牛仔裤通常不是什么值得称赞的明智之举。但不管怎么说，这些物件可以按照你个人生活方式的需要，或多或少地做些添加。

**裤子**

牛仔裤、休闲裤、带松紧带的休闲裤、暖身衣、跑步裤 3～4 条

短裤：3～4 条热天穿的短裤

**鞋**

1 双休闲鞋

1 双跑步鞋

2 双鹿皮鞋，靴子或凉鞋

**衬衫**

6～8 件 T 恤衫（有颜色的）

2～3 件汗衫

**袜子**

6 双白色运动袜

**外衣**

1 件休闲的皮衣、麂皮绒衣、棉的或细纤维的外衣、滑雪外衣或短夹克

### 为运动准备的

像高尔夫、网球、徒步旅行、划船、滑雪、滑冰、狩猎、钓鱼等，根据个人的需要、预算以及在活动中所承担的职责，你可以适当地增添衣服和鞋子。在某些地方你可以穿剪短的牛仔裤来打网球。但是如果你对这项运动的态度很认真，并且想和你公司的同事或社交圈里的其他人一起运动，那建议你还是要穿着得体，衣服既要品质优良又要看起来仿佛量身定做。说不定，这样的你甚至会更加"玩转"球场！

# C 正式社交礼服

# Extra for Formal Wear

这部分单品可以和前面的经典商务装配合使用。男士无尾半正式晚礼服和别的正装也可以逐步加入。就目前来讲，以下的配饰完全可以应付大多数的场合：

- 2 个全真丝的领结（单色的，正式的带有佩斯利螺旋花纹或是带点的）

- 2 条西装胸兜用丝质方巾（与领结互补而不是同色）

- 2 件法式袖口的衬衫（白色）

- 1 对袖扣（金色或银色）

- 领夹（可选择的）

下面是一个预算有限的男士，从几乎一无所知的职场新人做起，努力填充自己的衣橱以应对一切商务场合的心路历程，快来一起看看吧！

职场经验丰富和希望拥有相应衣橱的男士也会觉得这些清单很有用——他们也许有满满一柜子的衣服，但是却依旧缺乏一些"必备单品"。这一清单对正在准备为自己的衣柜全面增添衣服的男士更加有用，他们会更有依据和系统地去增添衣服。同时也提醒一下这类男士，数量固然重要，质量更加重要。要买几样质量上乘的单品，然后再按如上所列出的清单逐步建设你的衣橱。尽量去买你能买得起的最佳品质，相比之下多样性可以暂时放在一边。

## D 求职应聘商务衣橱 Beginner's Starting Business Wardrobe

1 套西服（深蓝或灰色，单色或条纹）

1 件单色或带图案的单件西服

4 条西裤（2 条正式点的，2 条卡其色或斜纹的）

6 件正式的衬衣（2 件白色的，2 件蓝色的，2 件条纹或有色的）

5 条领带（相近色的，条纹的或丝绸的，用来配工作场合的西服和外套／短夹克）

2 件长袖休闲衫

2 件毛衣（套头领、V 领或圆领）

6 双袜子（深色的）

1 双正式皮鞋

2 双休闲鞋

1 条小搭扣的优质腰带

1 件风雨衣

1 个上乘皮质公文包

1 块手表——不是数字的

# 女性商务衣橱规划

　　女性的着装形象是一个永远可以不断完善、不断提升的过程，不同场合需要决定是穿连衣裙还是套裙，什么款式更让自己显气质，什么颜色更让自己显年轻，什么面料更让自己显品质。不过对于工作繁忙的职场女性，这里我们可以帮助你根据着装礼仪的基本规范，找出一些最简化的着装方案。

　　1套简单的3件套西装：西装上衣、短裙、西装裤。这可以让你从世界上任何一个最正式的鸡尾酒会，到最休闲的运动场合都能轻松自如。

　　1件丝质衬衫、休闲的T恤、带有蕾丝的连衫裤和千变万化的配饰，可以让你从职场到娱乐，甚至晚宴的隆重场合都穿着得体。

　　1件简单的黑色连衣裙搭配西装外套，配上高跟鞋，可以在工作时间穿着；而搭配平底便鞋便可以在休闲时穿着；至于盛装打扮时可以和礼服、鞋相配，再加上流光溢彩的首饰。具备这些单品，你就总会"有适合的衣服穿"。

在比较正式的商务会议上，应尽量选择穿着配套的西装，可以西装上衣配短裙，也可以是西装上衣配西裤。如果场合不那么正式，可以分开来进行单件混搭，斜纹软呢西装上衣和单色裙子搭配，或黑色西装裤配灰色短西装上衣。西装长裤也可以与更休闲的毛衣套衫和开襟羊毛衫搭配，这样的装束可以留在最休闲的日子。

在筹划基本商务衣橱时，你不妨从2种中性色和1种或2种主要颜色开始，组建属于自己的基本衣柜。基础中性色单品是商务衣橱投资的基础。中性色指的是"非彩色颜色的颜色"，如灰色、黑色、深蓝色、棕色和褐色等。需要投资的单品包括西服上衣、裙子和比较正式的西装裤。

首先从黑色系开始。1套黑色套装、1套黑白格或斜纹软呢套装。2套之间可以相互搭配。加上红色、黄色、黑色及白色的衬衫、针织衫、上装、围巾或披肩。

接下来加上棕色系。1套棕色或灰色的套装，来混搭上面的黑色套装单品。青绿色、珊瑚粉色和灰色或米色衬衫、针织衫和上衣。上面的红色、黄色也可以和这组颜色搭配，反之亦然。披肩围巾也可以混搭这些颜色。

# A 女性基本商务衣橱

## 套装

　　如果可能的话买 1 套 3 件套：西装上衣、西装裙和西装裤。单品之间全都可以搭配，最大限度地实现多功能性。如果买到的套装是西装上衣配一条裙子的裙套，或者西装上衣配一条裤子的裤套，那么就买第三件单品来补充此种搭配。单品应该是经典款式、上乘的材质。能够与套装相搭配的单件西装上衣、单件裙子和裤子都可以作为第一套服装的补充。从单件套装开始，列出可以与之搭配的颜色和款式，然后不断添加。列出的清单顺序要从最正式、最严肃的商务颜色开始，再扩展到比较时尚的颜色和图案。

1.1 套单色套装。黑色、灰色或深蓝色，这些是最严肃的商务中性色调。

2.1 套彩色套装，可以和与第一套单色西服混合搭配（茄紫色、深红色）或者 1 件有图案（条纹、格纹、斜纹、人字形）带颜色的衣服，可以和上面的单色混合搭配。

3. 接下来加上 1 套颜色入时的套装或 1 套衬托肤色的服装。

## 裙子

如果带了一条长裤，就再额外添加裙子。挑选 2 ～ 3
条裙子，面料和颜色要能与上面提到的套装中的上衣
相匹配。

## 长裤

如果上面提到的正装只带一件裙子，那么再加裤子。
挑选 2 ～ 3 条长裤，另备一条黑色长裤，其他的和套
装中的上衣能搭配。

## 衬衫

1 ～ 2 件经典的白色长袖衬衫

3 ～ 4 件单色的或带图案的，丝质的、棉质的、混纺的

## 针织衫 / 开衫

5 ～ 6 件基本圆领针织衫或 V 领针织衫

2 ～ 3 套针织套装或单色开襟毛衫

Grace 成功优雅国际形象
www.o-grace.com
服装定制电话: 010-82231006

## 连衣裙

1～2件单品

1件简单的黑色连衣裙，可以是针织的、丝绸的、人造丝的，长袖或短袖

1件单色的或有图案的连衣裙，经典风格，V领或圆领

## 大衣/外套

雨衣或风衣（棕色的）

大衣：羊毛，单色或精致的斜纹

3/4长的或短大衣，可选的（羊毛、裘皮或人造皮草）

## 鞋子

2～3双高跟鞋或者露跟女鞋，黑色、褐色、棕色

2双平底鞋、芭蕾鞋、便装平底鞋、牛津鞋

1双质量上乘的皮革或小山羊皮的靴子

Grace 成功优雅国际形象
www.o-grace.com
服装定制电话：010-82231006

3 ~ 4 条丝绸围巾

质量上乘的皮质手套

雨伞

手表，腕带须是皮子或者金属——不要数码的

基本耳环，金的，银的或珍珠的，小的或者中等
大小的

项链：黄金或珍珠材质的链子、吊坠

胸针或者装饰性的别针

简单的金的或银的手链

腰带

2 条搭配鞋子的优质皮腰带

1 条强调色彩的腰带（可选的）

## 手袋 / 公文包

2 个棕色、黑色、褐色或者混色
的优质皮革—中等大小的手袋

1 个质量上乘的皮革公文包

1 个小的考究的手包

# B 女性社交正装

根据你出席正式场合的次数来调整这个清单吧。单品可以提供更大的灵活空间和纷繁多样的组合。

1 条当季流行的做工考究的长款连衣裙

1 条做工考究的长裤

1 件带蕾丝花边的衬衫或上衣

1 件绸缎或丝质的质地轻薄的或者带有装饰的衬衫／上衣

1 件考究的无袖上衣，紧身胸衣

1 件考究的短上衣，或者可外穿的考究的针织单品

1 双考究的凉鞋：丝质或有金属感的露后脚跟的高跟凉鞋

小的晚装包

首饰：钻石、人造钻石、水晶或宝石

长的天鹅绒披肩：丝质的、皮草的或人造毛的围巾／披肩

对已经有很完备衣橱的女性来说，这个清单和我们的建议会使你有所领悟并列举出一个"必备单品"的购物清单来搭配你的现有衣服，也可以成为你拥有一个基本衣橱的指导。

而对于从头开始的女性来说，从细致的规划起步是相当重要的。根据规划图再去购买那些你能买得起的最好的基本服饰吧，别忘了尽可能追求高品质！

# C 女性求职应聘商务衣橱

1套3件套的正装——单色的，灰色、黑色、深蓝或者灰褐色（如果只有2件，那么再买第3件来同时搭配上衣和裙子或者上衣和裤子）

1条斜纹的图案或主色上能与第一套西装上衣搭配的裙子

1条颜色能与西服上衣互补的裤子

3件衬衫：1件白色，2件有颜色或带图案的

2件上衣／毛衫：优质的针织衫，V领、套头领或圆领

1件开襟毛衫，单色或有图案的毛衣套（两件套）衫，来搭配便装长裤和裙子

1件基础色连衣裙：黑色、灰色或灰褐色

2双鞋：1双高跟鞋或露脚跟的鞋，1双平底鞋

1个皮包

1个皮质公文包

1条皮腰带

现在你已经拥有了基本衣橱的大纲，下一步是学会怎样选择以使每件衣服个性化。让我们来学习如何选择衬托你身体特征的服装，以下的步骤是你做出正确选择的基本要点。

# 商务衣橱规划的提升应用

## 颜色

当喜欢一件穿在模特身上的漂亮衣服时，不妨先看一下是否符合你的衣橱规划和个人色板。但是，如果你的衣橱规划还在准备之中，那么还是先不要去以身试法。同样，你应当先仔细考虑好自己是在构建一个正式的商务衣橱，还是构建工作环境相对休闲的商务衣橱，或者是一个生活衣橱。

### 怎样的颜色搭配更有效

穿着正确的颜色可以提亮你的整体外观——事实上，还可以营造一种心情、个性，甚至是无形的力量。例如，深色能够显示力度和权威，你是否发现很多成功的男性律师在辩护自己的案子时，总是穿着深色的西服配以干净利落的白色衬衫，以及一条让人感觉冷静的领带？在另外的一个交友的场合，他也可以穿浅灰色或棕色的西装、蓝色衬衫和更富于色彩的领带，使他的外表更平易近人。职场女性也是一样，一方面，可以通过穿深色的中性正装、传统的衬衫和一些对比色，来达到更有力的视觉效果；另一方面，在生活中，如果女性想要看起来多些柔美动人，少些严肃刻板，可以选择穿浅灰色、清淡色或时髦的颜色。请记住，越多的颜色、图案和花纹，或者越少的对比色，越会消解掉你强有力的整体形象。

所有这些都将呈现在旁观者眼里，也都会被他人全然地主观感受——这是在色彩心理学体现出的色彩效果，也是我们给予你专业指导的重要出发点。设想一下：作为一名律师，当你为一个可能面临严重指控的委托人辩护时，你会选择什么颜色来上庭？答案很明显，当然是深色。与此同时，也要依据你个人的颜色特性选择衬衫和配饰的颜色。

选择出庭的西装颜色自然不会影响裁决的公正，但是如果你的外表看起来很有权威性而又有引而不发的表现张力，法官和陪审团也许会更加倾向于注意你，并因此在聆听你的辩词时更加聚精会神。

颜色能传达力量和别的信息。如果法庭律师的例子不足以让你完全信服，那么想象一下颜色效应是怎样灵活地在日常产品中得以广泛应用的吧。

从你自己的厨房开始，你的冰箱和大部分电器用具都是白色或其他浅色的——这个概念传达了干净整洁、井然有序的观念；而当时尚动感的色调变成了新的主导色系时，就传达出了一个与时俱进而又时时更新的装饰格调。比如，杏色的器具前几午开始出现，并逐渐代替了传统的鳄梨绿和金色。当美食家的烹饪开始变成流行的风尚标，很多人也换掉了老旧的不锈钢器皿，转而使用餐厅里专业厨师使用的烹饪器具以打造一个更加"专业"的厨房。

就像可以改变房间的气氛一样，颜色同样还可以反映出人们对房间应用方式的心理预期——更重要的是，折射出了时代的气息：是否符合当下的流行风潮，是否足够让人耳目一新，是否把握时尚的气息，以及标志着怎样的年代特征……一切正如同我们的服装所投射出的信息一样。总的来说，颜色以及条纹、细节和风格都需要我们时常更新，不然我们给别人的信息就会不言自明地表示"我落伍了"。

事实上，虽然有很多产品很少受目前不断变化的时尚趋势的影响，但是它们的成功仍然依赖于在包装里巧妙隐藏的信息。比如，男性电剃刀工具上那种单调的金属蓝色，正是一种典型的高科技色调，它意味着力量、可信度和齐全的功能。

在大街上你会发现，当地的警察制服要么是深蓝色，要么是单调的黑色——这些颜色都象征着法律和秩序、权威，以及与生俱来的力量。这在商业世界同样适用。深蓝色和灰色是男性着装最主要的经典色，而黑色西服应留给更加正式的盛装的场合；女性则可以在灰色和深蓝色的工作正装中点缀进黑色。这些中性色系服装可谓当今全球商务语境下的传统制服——它们如同一种普世的通用标语，并常常意味着权威的力量。当你去证券交易管理委员会见审查员时，当然要穿这样的颜色，因为他们将决定你的公司是否可以上市；在这样"生死攸关"的重要时刻，想必你是不会穿白色西装、花衬衫，或者佩戴吊坠耳环的吧。

概括来说，深色表达了权威、力量和自信。因此，深色应用于较正式的商务场合，或者当你需要表现力度和威信的时候。深浅适中的中间色系和对比色更适合公司内部的员工会议，以及其他相对休闲的闲暇时刻，或者在你需要营造出一种友好氛围的时候。另外，中性色是你衣橱规划的基础，尤其在正装色彩的选择中首当其冲——它们可以和其他所有颜色搭配，既

稳妥可靠又永远不会令人感到厌倦；并且由于这些颜色几乎不受文化或心理因素的干扰，所以往往是最为安全的选择。

亮色通常用来表现强调，可以在领带、围巾、女士衬衫和西装袋巾上少量点缀。对比色则常常用来表现清晰度——对比越鲜明，外表就越有力度。

当然，在与时尚相关的行业，这些规则可能并不那么严苛，相反，一些公司接受甚至首选时尚亮丽的颜色和风格，以之作为自身在时尚圈的地位标榜。但即便如此，中性色仍然是正式度和庄严感的表征，而且始终是基本商务衣橱中永远不可缺席的重要角色。

没有人完全明白这些约定俗成的规则为何是这样的，我们几乎没有历史证据来证明深蓝色和深灰色是商业领域中男性的不朽颜色，而黑色是女性的永恒经典。古希腊和古罗马人一直穿浅颜色，直到他们发现了一些从死海螺身上提取出来的染色剂，他们将其称为"皇室紫"；紫色曾经相当罕见，因此也只有掌权的贵族阶级才拥有——很多人因此争论说这是今天大家迷恋蓝色和灰色的真正起源。这自然是一个学术上的问题，但真正有价值的是，无论是出于什么原因，人们都期待你穿着严肃庄重的颜色来从事商务活动。

就像深沉的中性色是你的商务衣橱里不可或缺的重要元素一样，其他的颜色规则你也应该有所了解。例如，风衣的颜色，与标准的正装颜色相反。浅褐色风衣比黑色、棕色或深蓝色更能展现出纯粹而高雅的经典外形。浅褐色高雅而低调，源于英格兰含蓄的商务文化：一个人不要在大街上过度展示自我，这已成为一种心照不宣的原则。

学习了解这些约定俗成的国际商务着装规范，会在人以类聚、物以群分的社会中让别人正确读到你的身份。而通过颜色或剪裁达到"永不过时"是着装的进一步的至上原则，实现这个目标绝非易事，需要花点时间去学习和实践。事实上，遵循这些规则并不表明你要墨守成规或者一成不变，你当然可以在其中自由添加自己的偏好和选择——这些仅仅是一个普遍意义上的指南，保证你拥有纵横职场所必备的自信。

grace 成功优雅国际形象
www.o-grace.com
服装定制电话：010-82231006

## 颜色的美感

穿着正确的颜色可以让你的肤色更加清晰健康：细纹和皱纹看上去消失了，黑眼圈也好像不太明显，忽然之间你竟变得如此容光焕发——一个得当的衣着颜色往往能够达到与腮红和粉底相媲美的神奇功效。对男性来说，脸部下垂的阴影看上去也不明显了。

颜色的强化作用如同高效的终极美容产品，让你拥有更具年轻活力而又舒适自然的外表。当然，如果你本来就很年轻，这会让你看起来宛如刚刚从健身俱乐部强化训练过一样健康而充满朝气。

正确的颜色也可以明亮你的双眸。恰当的颜色组合可以使你的眼周看起来更加清新，并且更具引人注意的夺目光彩。在商务场合，眼神接触是一项成功的法宝，尤其当你使用了正确的颜色时，眼神的光彩会明显提升，由此可以增加你的信誉感和诚恳度。此外，衬托皮肤的颜色对外表能起到很好的协调和平衡的作用，让你的着装彰显其内在的真实价值。

来看看这条底线：颜色是最终的画龙点睛之笔，可能也是最能让你看起来光鲜亮丽的直观因素。它是你优雅外表上浓墨重彩的一笔，为你平衡协调的着装完美润色。

**个人色板**

我们需要加入多少颜色？一切只为凸显人的角色和气质。

处于时尚前沿的先锋颜色，其与众不同的色调和混搭感可能很标新立异，但它们可不是你的"必备"商务衣橱的首要候选——它们可以在你需要在不同场合彰显个性的时候作为一种点缀。颜色可能不是一切——但它对你个人风格的塑造无疑是相当重要的。

# 小心选择

## 1 面料 fabric

注意面料这一部分也很重要，这是在没有衣架的情况下进行的选择。关键是"品质"应该在你能买得起的条件下选择最好的，如天然的面料和高质混纺，近年来还出现了很多优质的混纺和人造面料。对混纺面料来说，至少要有 55% 的天然成分。

## 2 身材 shape

选择衣服时应该把衣服从衣架上拿下来试试——但是，要在你觉得它可能适合你身材的时候再把它从衣架上拿下来。现在要考虑的是，从你正准备买的某一特定风格的服装中，找到基本款式，然后看看是否适合你的身材。

## 3 试衣 fit

有人说"合身是黄金原则"，这里面蕴含着一些真理。针对这一点，在选择衣服的过程中，一个重要的步骤就是试穿。你应通过一些细节的把握选择出最佳搭配：不仅仅是"合体"这么简单，而像是为你度身定制！

学习是提升个人形象的重要途径

成功优雅张玲老师在清华大学培训女性领导形象塑造

成功优雅张玲老师在清华大学讲授国际商务礼仪与总裁商务形象

第八篇

# 让 成功形象

# 展现真正的你

**Successful Image**

Show the Real You

**从内在气质到外在造型：** *你对自己的感觉是什么*

事实上，再全面的信息也只在特殊的个案中才全然适用，知识只有成为潜移默化中的习惯才能真正发挥无尽的效力。不妨就从现在开始，花上几周、几个月，甚至几年的时间来学习并熟练掌握社交礼仪、商务规则和个人的穿衣技巧吧！拥有这些就如同手握开启成功大门的钥匙，一切的一切都是为了一个更加优秀的自己——同时，也是最真实的你！最后让我们一同来看看这些成功的公式吧，"千里之行，始于足下"，相信自己，未来就在眼前！

5 秒钟建立第一印象。虽然别人应该用你的内在价值来评价你，但是第一印象的好坏往往决定了别人是否给你机会去展示内在的你。

21 天养成一个习惯。所谓勤能补拙、熟能生巧，你必须用 21 天来反复练习一个新技巧使之成为你自己的财富。

—— *创造未来，从今天开始！*
—— *做最好的自己，从现在开始！*

100 天让习惯成自然。100 天的时间足以使习惯成为无意识间的自然流露。

30 天忘却一个信息。这就是为什么每天都要不断地练习以维持记忆的热度，记住，坚持不懈是成功关键，滴水石穿需要的是时间的磨砺。

66% 的信息会在 24 小时内忘记，只有 34% 被记住。

8 天内经常回忆自己所学的新知识可以记住 90%——对于你所学到的新技巧，学以致用是记忆的关键。研究表明，越早开始一个新习惯，它成为你生命中的一部分的可能性就越大。

让成功形象展现真正的你

**146**
商务礼仪

## 高端商务礼仪与绅士风范

印象管理

商务精英社交礼仪

国际化着装规范

肢体仪态影响力的秘密

高端形象整体设计定位

## 商务沟通与演讲风范

肢体语言无声的传递

引人入胜的演讲技巧

与同事沟通的语言技巧

与客户沟通的语言技巧

亲和力让你赢得更多信任

## 企业员工职业形象礼仪培训

商务场合国际着装规范

员工职业化沟通礼仪

员工职业化行为举止

责任感赢得更多机会

忠诚度赢得更多信赖

## 商务礼仪与销售技巧

成为专家型销售人员的技巧

吸引顾客的两大技巧

零售的四大制胜步骤

快乐高效工作的原动力

东西方融合国际品位修养

## 幸福人生学堂

正确选择另一半的智慧

经营幸福家庭的智慧

事业与家庭平衡的艺术

由表及里永久美丽的妻子

由浅入深永久魅力的母亲

## 优雅女性学堂

优雅女性国际化着装品位

优雅女性国际化妆容发型

国际化商务礼仪优雅气质

优雅女性魅力永存的奥秘

亲子与情感沟通的艺术

**147**

让成功形象展现真正的你

# 内 容 简 介

本书是由美国顶级形象设计大师、AIS体系创始人多丽丝•普瑟和中国著名形象礼仪专家张玲联袂打造的商务礼仪最新力作，其主要思想和方法源自华盛顿礼仪学院。华盛顿礼仪学院是美国最权威的礼仪培训机构，也是唯一被政府认可的国际礼仪学院。本书详细讲述商务礼仪的诸多方面，涵盖着装礼仪、身体语言、社交沟通与互动、日常商务礼仪、礼仪规则的运用与强化记忆、宴请及餐会礼仪、商务衣橱规划等。

本书适合所有渴望改善自身举止形象的读者。阅读本书后，希望读者能通过正确的着装礼仪、举止礼仪和沟通礼仪，展现良好的个人形象，进而提升自身的品牌形象和企业综合软实力。

**图书在版编目（CIP）数据**

商务礼仪：聆听国际大师最权威的礼仪课 /（美）普瑟，张玲著 . —北京：科学出版社，2014.1

ISBN 978-7-03-039587-0

I.①商… II.①普…②张… III.①商务 – 礼仪 – 中等专业学校 – 教材 IV.① F718

中国版本图书馆 CIP 数据核字（2014）第 011107 号

责任编辑：方小丽 / 责任校对：葛小双
责任印制：徐晓晨 / 封面设计：蓝正设计

**科 学 出 版 社** 出版

北京东黄城根北街16号
邮政编码：100717
http://www.sciencep.com

**北京通州皇家印刷厂** 印刷

科学出版社发行 各地新华书店经销

\*

2014年2月第 一 版 开本：787×960 1/16
2017年7月第四次印刷 印张：10
字数：100 000

**定价：56.00元**

（如有印装质量问题，我社负责调换）